Sexualidade e adolescência
As oficinas como prática pedagógica

Luiz Carlos Castello Branco Rena

Sexualidade e adolescência
As oficinas como prática pedagógica

3ª edição

autêntica

Copyright © 2001 Luiz Carlos Castello Branco Rena
Copyright © 2006 – 2. ed.
Copyright © 2006 Autêntica Editora

Todos os direitos reservados pela Autêntica Editora. Nenhuma parte desta publicação poderá ser reproduzida, seja por meios mecânicos, eletrônicos, seja via cópia xerográfica, sem a autorização prévia da editora.

EDITORA RESPONSÁVEL
Rejane Dias

REVISÃO
Erick Ramalho

CAPA
Cristina Ferolla
(Sobre escultura em argila. Foto de Marcos Lotufo)

DIAGRAMAÇÃO
Waldênia Alvarenga Santos Ataide

R393s   Rena, Luiz Carlos Castello
Sexualidade e adolescência – as oficinas como prática pedagógica / Luiz Carlos Castello Branco Rena. – 3. ed. – Belo Horizonte: Autêntica Editora, 2014.

248 p. (Coleção Trajetória, 5)

ISBN 978-85-86583-90-2

1. Educação sexual. 2. Adolescência. I. Título. II Série.

                                            CDU
                                          613.88

GRUPO **AUTÊNTICA**

Belo Horizonte
Rua Aimorés, 981, 8º andar . Funcionários
30140-071 . Belo Horizonte . MG
Tel.: (55 31) 3214 5700

São Paulo
Av. Paulista, 2.073, Conjunto Nacional,
Horsa I . 23º andar, Conj. 2301 . Cerqueira César . 01311-940 . São Paulo . SP
Tel.: (55 11) 3034 4468

Televendas: 0800 283 13 22
www.grupoautentica.com.br

Se se define o homem pela experiência, ou seja, por sua maneira própria de dar forma ao mundo...

Um homem sem sistema sexual é tão incompreensível quanto um homem sem pensamento.

Há osmose entre sexualidade e existência.

A sexualidade é todo nosso ser.

(Merleau Ponty, 1975)

Para
Adriana, Maria Luiza, Laura e Júlia.
Presenças indispensáveis na minha vida.

Agradecimentos

Aos *adolescentes do interior goiano* que, generosamente, forneceram as informações que possibilitaram a realização deste estudo;

à *Dra. Maria Lúcia Miranda Afonso*, pela permanente confiança na minha capacidade e dedicação na orientação e na sistematização da experiência registrada neste trabalho;

a *The John D. and Catherine T. MacArthur Foundation – Chicago/EUA*, por ter assegurado os recursos financeiros e o acompanhamento imprescindíveis ao desenvolvimento do projeto que permitiu a elaboração deste trabalho;

à *Diocese de Goiás* pelo apoio político-institucional tão necessário à implementação das ações exigidas pelo projeto;

aos *profs. Jadir Pessoa e Anita C. Azevedo Resende*, da UFG, pela presença estimuladora no princípio desta trajetória;

às auxiliares *Sílvia Alves Tavares Scolaro, Rosemeire Aparecida Mateus e Alessandra Cristina Rodrigues*, que compartilharam comigo o esforço da organização e execução dos procedimentos indispensáveis à qualidade deste trabalho;

aos meus pais *José Renna e Maria de Lourdes Castello Branco Rena*, que com grande esforço me asseguraram a indispensável educação básica e sempre estimularam meu gosto pelo estudo.

Sumário

Prefácio..................... 13

Introdução.................. 17

I Parte
Contexto social, histórico e cultural de Goiás..... 21
   Estrutura familiar................. 23
   Situação ocupacional............. 26
   Situação educacional.............. 27
   Vivência religiosa................. 28

Adolescência................. 31
   Adolescência: a pessoa em construção........ 31
   Sexualidade: o masculino e o feminino como
   construção social na adolescência........... 36
   Adolescência e sexualidade
   no contexto da modernidade............ 41

As "oficinas": a ação pedagógica como estratégia
de investigação e intervenção............ 47
   "Oficinas": construindo o conhecimento
   a partir da vida................. 47
   Elaboração individualizada e elaboração coletiva....... 51
   Horizontalizando relações............. 52
   Resgatando a história de todos e de cada um...... 53
   Valorizando as experiências concretas......... 54
   Referência ao contexto cultural........... 55
   O corpo: onde se encontram a razão e a emoção...... 55
   Diversificando as estratégias de comunicação...... 56
   Planejando com flexibilidade e abertura para o
   imprevisível................. 57

Compartilhando responsabilidades..................................... 58
Constituindo um "grupo" para trabalhar com grupos....... 59
Avaliando e registrando o processo grupal..................... 59
Preparando a intervenção na comunidade:
contato institucional.. 60
Divulgação e sensibilização dos adolescentes................. 61
Composição dos grupos... 61
Experimentando a "oficina": o direito de dizer não.......... 61
O grupo da Escola Municipal Pacífico Gomes.................. 62
O grupo do Colégio Estadual Honestino Guimarães........ 63

II Parte
Educação e sexualidade:
relato de uma experiência... 65
 Oficina 1: A construção do grupo... 71
 Oficina 2: Corpo: a experiência da razão e do afeto........... 91
 Oficina 3: Sexo e sexualidade: para além dos genitais....... 113
 Oficina 4: Relações de gênero: "dois pesos, duas medidas".. 143
 Oficina 5: Sexualidade e vida reprodutiva: a paternidade e
            a maternidade colocadas no horizonte........... 161
 Oficina 6: O exercício da sexualidade: entre a saúde e a
            doença.. 193
 Oficina 7: A vida nas Oficinas; as Oficinas
            na vida de cada um.. 209

Reflexões para prosseguir no caminho........................ 219
 Entre uma pergunta e uma resposta
 um pouco de história.. 219
 Adolescer: administrando a "crise" em meio a crise da
 contemporaneidade... 221
 Aprendendo a ser homem ou mulher: a educação sexual
 inevitável... 230
 Ação educativa em sexualidade: limites e possibilidades
 de uma práxis pedagógica... 232

Referências... 239

Prefácio

Dentre todas as propostas de educação do ser humano, talvez a mais ambiciosa seja a educação da sua sexualidade, em especial se a tarefa acontece nessa fase de turbulência de afetos e identidade a qual chamamos "adolescência". O livro de Luiz Carlos Castelo Branco Rena aborda essa tarefa de uma maneira ao mesmo tempo delicada e contundente, criando caminhos e pousadas para quem se lançar a esse desafio.

A sexualidade é dessas áreas da vida em que educar é muito mais do que transmitir: é trocar, reinventar, redescobrir e mais do que tudo rememorar e reviver.

O livro de Luiz Carlos Rena vem nos mostrar que falar de sexo e sexualidade é, na verdade, falar sobre a nossa experiência do sexo e da sexualidade, pois o corpo está dentro de uma cultura e é por esta, recriado. Assim, a sexualidade é muito mais do que uma prática na esfera da biologia mas implica em relações sociais e vínculos afetivos, em desejo e projeto, nas decisões e indecisões sobre escolhas afetivas, paternidade e maternidade e tantas outras vertentes da experiência.

Assim, a educação sexual também ultrapassa a transmissão de informações sobre o corpo e a biologia para se estender às esferas da afetividade, da sociabilidade e da ética. Exatamente por isso, não se trata tampouco de doutrinar os jovens para adotarem os valores das gerações de seus pais.

Não se trata de associar uma regra moral inflexível a cada informação sobre o corpo, em uma relação pedagógica paternalista ou autoritária.

Pelo contrário, há que se abrir espaço e estimular a reflexão e a elaboração do conhecimento face à vida, o conhecimento de si e do outro, dos prazeres e das angústias que estão envolvidos na vivência da sexualidade. Atualmente, muitos concordam com a educação sexual como uma forma de prevenção da gravidez indesejada ou de doenças sexualmente transmissíveis. Sem retirar a importância desses objetivos na área da saúde, podemos pensar que a importância da educação sexual vai além de aspectos "preventivos" e abre um espaço de elaboração para a vida não apenas para o jovem mas também para os adultos que se sentem responsáveis por eles.

De fato, ao pretender educar os nossos jovens, somos obrigados a nos perguntar: "mas, o que sabemos?" Pois a sexualidade é tão inerente ao ser humano que se inclui naquelas questões fundamentais sobre as quais aumentar o nosso conhecimento não significa diminuir a nossa ignorância.

Sob o rótulo de educadores, lá vamos nós como aprendizes, buscar junto às novas gerações o reconhecimento de nossa identidade. Mais do que em outras esferas, na educação sexual transmitimos o que somos e não apenas o que conhecemos. São os nossos valores e projetos, nossos sentimentos e sonhos que estão em jogo. Pedimos às novas gerações que os avaliem – para aceitá-los ou rejeitá-los – fundamentalmente para que nos reconheçam como um elo de sua história.

Sem a esperança de que nossos filhos poderão dar continuidade aos sonhos – nossos e deles; sem a esperança de que poderão ser felizes, como seremos nós felizes?

Essa visada sobre a educação sexual nos leva a perceber as mudanças sociais que viemos protagonizando e das quais nossas crianças e adolescentes são os legítimos herdeiros. É questionando sobre o impacto dessas mudanças que nos vemos compelidos a criar novas formas e estratégias para a formação das novas gerações.

E percebemos, então, que em uma sociedade onde a informação sobra, mas a comunicação falta, em que há muito falatório sobre sexo, mas pouca palavra, é preciso buscar métodos que revalorizem o diálogo, o autoconhecimento e uma melhor integração entre sentir, pensar e agir. Essa busca inclui a compreensão do trabalho educativo em seu contexto sociocultural.

Foi isto que Luiz procurou revelar ao trabalhar com adolescentes do interior do estado de Goiás. Como resultado, produziu um estudo sobre a adolescência no meio urbano e rural, experiência inédita no país. Para os adolescentes que participaram das Oficinas, o corpo sustenta uma realidade não apenas de prazer e dor, como também de trabalho, em uma região que sofre, hoje, grandes mudanças na família e nas relações de trabalho e emprego. Entender a sexualidade dos jovens nesse contexto é se debruçar sobre suas perspectivas de vida, suas dificuldades e projetos.

Tal tarefa não é fácil. Exige métodos participativos e sensíveis, abrindo espaço para a fala dos jovens. Nesse sentido, o livro de Luiz traz uma contribuição fundamental: as Oficinas que ele construiu mostram um caminho ao mesmo tempo simples e denso. Sendo um método essencialmente baseado no diálogo, as Oficinas oferecem informação e espaço para que o educando reflita sobre a sua experiência, seus sentimentos e valores e ideias.

O método utiliza-se de jogos e técnicas de animação de grupo, abrangendo a importância da troca de experiências entre os participantes, da sensibilização destes para as questões mais delicadas. A informação e o lúdico se mesclam criando um ambiente de confiança e reflexão.

O autor tem a paciência de descrever em detalhes os seus procedimentos, mostrando os objetivos e técnicas utilizadas em cada encontro, comentando sobre o processo vivido, refletindo sobre seus limites e potencialidade.

Tive o privilégio de estar com Luiz Rena na construção desse trabalho, acompanhando-o desde sua fase inicial, em

Goiás, até a sua elaboração final, no Mestrado em Psicologia da Universidade Federal de Minas Gerais. Luiz foi muito mais do que um orientando, ensinando-me entusiasmo, amor pela vida e pelo conhecimento. Deu-me alegrias variadas, tais como a de conhecer Goiás, de embalar sua filhinha Maria Luiza e de muitas conversas que pouco tinham a ver com a academia. Ao apresentar o seu livro, é inevitável a lembrança de nosso primeiro dia de trabalho conjunto em Goiás, que relatarei brevemente aos leitores.

Eu havia chegado ao aeroporto de Goiânia e Luiz veio me apanhar para levar-me, de carro, à cidade onde o trabalho se desenvolvia. Não havia, ainda, qualquer cumplicidade entre nós. A estrada era uma interminável reta na vastidão do planalto central. Em mim, que havia saído de dentro de um círculo de montanhas, aquele espaço aberto provocava vertigens e, para minha agonia, enquanto dirigia a 140 km por hora, Luiz perguntava o que eu havia achado de seu projeto. Eu nada respondia porque, com o olhar pregado no velocímetro, apenas conseguia pensar "Esse cara é louco. O que foi que eu vim fazer aqui?"

Hoje, posso dizer que fui a Goiás participar de um belíssimo trabalho com um pedagogo entusiasmado e brilhante. Que venham os espaços abertos e o abraço das montanhas nos levando, a toda a velocidade, pelos caminhos da criação.

Lúcia Afonso[1]

---

[1] Doutora em Educação pela UFMG, Professora Visitante da Universidade Federal de São João Del Rey, editora da revista *Pesquisas e práticas psicossociais*.

Introdução

As experiências pedagógicas que venho vivenciando nestes 30 anos em diferentes contextos institucionais – Pastoral da Juventude (BH/1978-1987); ensino fundamental na escola pública (MG/1980-1983); ensino médio na escola privada (BH/1984-1987); educação popular em saúde (MT e GO/1988-1995); pesquisa e intervenção social (GO/1992-1995); projetos e consultorias em educação sexual (BH/1996-2002); práticas de ensino, pesquisa e extensão na PUC Minas (Betim/ 2000-2007) – levaram-me a adotar uma atitude de permanente atenção às demandas concretas dos grupos envolvidos. Essa prática exigia respostas a inúmeras questões, entre as quais se colocavam aquelas relativas à vivência afetivo-sexual na infância e na adolescência, no cotidiano da família, da escola, do serviço de saúde etc... Na distribuição das tarefas entre os diversos profissionais que compunham as equipes nas diferentes experiências, cabia sempre a mim, enquanto educador, atender às demandas que remetiam ao enfrentamento dos desafios no âmbito da vivência afetivo-sexual na adolescência.

Muitos desses desafios foram respondidos em parceria com os próprios adolescentes, outros tantos ficaram sem resposta porque demandavam a ampliação e o aprofundamento da nossa compreensão sobre a sexualidade humana em sua riqueza de expressões, bem como da adolescência em toda a sua complexidade biológica, psíquica e social. O atendimento dessa exigência motivou-me a buscar espaços de atualização teórica, possibilidades de intercâmbio e interlocução com outros profissionais do campo inseridos em diferentes contextos socioculturais e a revisão da literatura nessa área.

Verificamos que houve um aumento de publicações, nas duas últimas décadas, no Brasil, sobre sexualidade, adolescência e educação sexual, tais como: MURARO, 1983; SUPLICY, 1983; CHAUÍ, 1984; FOUCAULT, 1984; OSÓRIO, 1989; BARROSO E BRUSCHINI, 1990; TAKIUTI; 1990; PARKER,1991; DESSER, 1993; CHAVES, 1994; GTPOS/ABIA, 1994; GUIMARÃES,1995; AQUINO (Org.), 1997. Não obstante, tais contribuições são, em sua maioria, de natureza teórica e/ou informativa. Nesse sentido, percebi a necessidade de experimentar e sistematizar metodologias apropriadas à natureza da Educação Sexual. Instigado por este desafio, me propus a responder à seguinte questão:

> Que modelo de intervenção pedagógica possibilitaria a abordagem das diferentes dimensões e expressões da vivência afetivo-sexual entre adolescentes, valorizando a singularidade do sujeito como homem ou como mulher, em constante interação com o contexto sócio-histórico e cultural em que está inserido?

Responder a esta questão implica discutir teórica e empiricamente os fenômenos biológicos, psíquicos e sociais que constituem o *processo de adolescer*, destacando aqueles de natureza afetivo-sexual com suas representações sociais da masculinidade, da feminilidade, do corpo e da sexualidade, entre outros. No âmbito deste estudo, recusamos a ideia de uma natureza endógena do *processo de adolescer*, que o reduza às transformações puberais impostas pela natureza. Ao contrário, partimos do pressuposto de que adolescer é um processo de socialização dinâmico normatizado pela cultura, mediado pela linguagem e vivenciado por homens e mulheres no âmbito do seu grupo social. Isso implica reconhecer que o material empírico deste estudo reúne significativo conjunto de representações sociais de diferentes aspectos da adolescência e do exercício da sexualidade. Concordamos com Moscovici quando afirma:

Em poucas palavras, a representação social é uma modalidade de conhecimento particular que tem por função a elaboração de comportamentos e comunicação entre indivíduos. (MOSCOVICI, 1978, p. 26)

Fez-se necessário, também, ampliar e aprofundar o debate sobre a natureza da "educação afetivo-sexual", suas finalidades, os espaços institucionais de sua realização, sua metodologia e outros aspectos, sistematizando uma reflexão crítica sobre o fazer pedagógico, seus limites e possibilidades no campo da afetividade e da sexualidade. O esforço de identificar parâmetros teóricos e metodológicos para *ações educativas em sexualidade* implica compreender a relação entre "adolescência", "educação" e "sexualidade".

Para aprofundar a discussão sobre as possibilidades metodológicas da Educação Sexual, adotamos, neste trabalho, o seguinte objetivo geral:

> Oferecer uma contribuição metodológica para o campo da Educação Sexual, sistematizando um modelo de intervenção pedagógica em pequenos grupos de adolescentes, inseridos no contexto da cultura brasileira, de modo a enfatizar a dimensão psicossociológica da sexualidade.

Tendo como referência principal as experiências de investigação e intervenção desenvolvidas em Goiás (RENA, 1996) e de outras devidamente identificadas no texto, foram resgatados dados e materiais que atendam aos seguintes objetivos específicos:

a) Apontar os temas fundamentais e indispensáveis para as práticas de educação Sexual no âmbito da cultura brasileira.
b) Identificar recursos didático-pedagógicos, técnicas de grupo e estratégias pedagógicas apropriadas à intervenção no campo da sexualidade.
c) Organizar esse conjunto de estratégias no interior de uma proposta metodológica mais ampla que articule a experiência pessoal dos sujeitos com sua vivência de grupo.

d) Vivenciar esta metodologia como práxis pedagógica junto a dois grupos de adolescentes, no âmbito da escola pública, verificando sua potencialidade e seus limites, bem como suas repercussões na vida dos(as) adolescentes, distinguindo as experiências masculina e feminina e os contextos socioculturais urbano e rural.

e) Identificar as possibilidades de problematização dos papéis atribuídos ao ser masculino e outras questões relacionadas à identidade masculina e ao exercício da masculinidade, como perspectiva para estudos posteriores.

Neste livro apresento, portanto, a descrição e a análise de uma experiência pedagógica, situando-a no contexto social, histórico e cultural de Goiás.

Na primeira parte, ofereço um conjunto de dados sobre a realidade goiana, uma discussão da metodologia de oficinas como estratégia de investigação e uma reflexão teórica sobre as categorias básicas utilizadas no decorrer do trabalho, como adolescência, sexualidade, educação sexual, gênero, entre outras.

Na segunda parte, faço um relato minucioso das oficinas que foram realizadas com dois grupos de adolescentes e analiso os resultados obtidos, comparando-os entre homens e mulheres e entre o rural e o urbano. Também está presente uma avaliação das estratégias de abordagem e dos materiais utilizados do ponto de vista da sua eficácia pedagógica e psicossocial.

Na conclusão, procuro contribuir para o debate sobre a Educação Sexual, propondo um modelo de intervenção educativa que valorize igualmente os aspectos cognitivos e emocionais da aprendizagem.

I PARTE

CONTEXTO SOCIAL, HISTÓRICO E CULTURAL DE GOIÁS

Neste capítulo, apresentamos uma descrição sociodemográfica que permita uma visão geral do contexto sociocultural em que estão inseridos os adolescentes que participaram deste estudo. Esta contextualização se faz necessária quando se compreende a sexualidade como construção cultural (PARKER,1994) e a adolescência como fenômeno multifacetado (RENA,1993), determinado por diferentes fatores de natureza sociocultural. Os dados secundários aqui apresentados foram fornecidos pelas agências oficiais[1] e os dados primários foram sistematizados no relatório final de pesquisa do "Projeto Concepção de Sexualidade dos Adolescentes no Interior de Goiás: consequências para o processo de reprodução humana" (RENA, 1996).[2]

Ao final, os números revelados pelo IBGE[3] apontavam, para a região Centro Norte de Goiás, focada neste estudo, um contingente populacional de 223.535 hab., sendo 113.802

---

[1] IBGE e Secretaria do Planejamento e Coordenação do Estado de Goiás.

[2] Os dados resultaram do tratamento estatístico simples das primeiras 25 questões do questionário utilizado em *survey* com 1297 adolescentes e eram relativas à estrutura familiar, situação ocupacional e grau de escolaridade dos pais, situação ocupacional, situação educacional e participação religiosa. (Os dados completos podem ser acessados pela Internet no seguinte endereço: www.bireme.br/bvs/adolec/P/eletr.htm).

[3] Censo/92.

homens (51%) e 109.733 mulheres(49%). Nas zonas urbanas dos municípios, vamos encontrar 65,0% deste contingente (146.089 hab.) e o restante, 35,0% (77.449 hab.), vive nas zonas rurais.

As informações, de 1989, sobre a população adolescente/jovem destes municípios revelam um contingente de 71.239 hab.[4] na faixa etária de 10 à 24 anos, que corresponde a 32% do contingente populacional da região. Desse total, 40% se encontram na faixa de 10 a 14 anos, 34% na faixa de 15 a 19 anos e 26% na faixa de 20 a 24 anos. Não há dados oficiais sobre a distribuição desse segmento da população por situação de domicílio.

É importante observar a relação entre os subgrupos etários e o percentual que os mesmos representam na totalidade da população adolescente e juvenil da região. Os pré-púberes, que representam 40% da população absoluta, ao chegarem no final da adolescência e início da juventude, passam a representar 26% da população juvenil e somente 8% da população absoluta o que revela um fluxo migratório acentuado em período muito curto de tempo. A evasão de adolescentes e jovens das zonas rurais faz com que, nessa região, o tempo de adolescer para o sujeito coincida com tempo de migrar, de se deslocar não só no espaço geográfico, mas sobretudo no espaço socio-histórico e cultural. Este feito e suas implicações para a pessoa deveriam ser objeto de investigação.

Os dados da época em que o estudo se realizou sobre a situação fundiária são de 1985 e apontam para uma crescente concentração da propriedade da terra.[5] A pequena propriedade não aparece mais como predominante em nenhum dos municípios, confirmando a tendência brasileira de concentração da posse da terra e o desaparecimento da mesma.

A população residente na região contava com uma rede de 100 unidades para atendimento à saúde: 39 postos de

---

[4] Anuário Estatístico de Goiás/1.989.

[5] Censo Agropecuário de Goiás/IBGE,1.985.

saúde, 19 centros de saúde, 34 hospitais privados e 8 hospitais públicos. Três municípios se destacavam pelo número de unidades: Ceres (15 unid.), Goiás (12 unid.), Itapuranga (10 unid.), concentrando 37% das unidades da região. A população mais desassistida nesse aspecto estava em Santa Fé de Goiás, que contava com um único posto de saúde. Os demais municípios contavam com uma rede que varia de 3 a 7 unidades de saúde. A desigualdade na distribuição dos leitos também era evidente. Haviam 2.022 leitos na região, sendo que 1.121(51,4%) estavam localizados nas cidades de Goiás e Ceres, o que aponta para a proporção de um leito para cada 45 habitantes. Britânia também apresentavam o índice de 48 habitantes para cada leito. Em nenhum dos municípios a média anual de consultas por habitantes atingiu 1 consulta/hab. O município que apresentou melhor índice foi Heitoraí, com 0,75 consultas/hab., e o mais baixo índice foi verificado em Santa Fé de Goiás e Mossâmedes, com 0,04 consultas/hab. em ambos os municípios.

O sistema de ensino da região era constituído de 588 estabelecimentos que acolhiam, em 1.991, 61.974 alunos nos dois níveis básicos de ensino. Desse total, 42.975 adolescentes (69%) se encontravam na faixa etária de "9 a mais de 15 anos" e estavam matriculados no ensino fundamental. Outros 7.332 adolescentes (12%) se encontravam na faixa etária de "menos de 15 a mais de 19" e estavam matriculados no ensino médio. O poder público mantinha 97% das escolas localizadas na zona urbana (143 est./24%) e nas zonas rurais (428 est./73%). A iniciativa privada detinha a participação insignificante de 3% dos estabelecimentos do sistema de ensino localizados nas zonas urbanas. Convém observar que boa parte desses estabelecimentos particulares é conveniada com o Estado. Observamos que 20.932 (29%) adolescentes na faixa etária de 10 à 24 anos se encontravam excluídos das salas de aula.

Estrutura familiar

Os dados que resultaram da pesquisa (RENA, 1996) que realizamos junto a 1.297 adolescentes da região revelaram que a maioria dos adolescentes presentes naquela região de Goiás vive em famílias nucleares: 87,5% da amostra declararam que contam com a presença dos pais no local de residência.

Entre os adolescentes que declararam outros graus de parentesco com as pessoas com as quais residem, apenas 1% dos homens e 1,5% das mulheres estavam casados ou viviam em união consensual. Este baixo percentual de adolescentes casados pode ser explicado pelo fato de ter sido a escola o espaço institucional escolhido para a coleta de dados. É importante notar que o número de mulheres adolescentes em vida conjugal é expressivamente maior que o número de homens adolescente na mesma condição.

Considerando a situação conjugal dos pais, encontramos uma predominância de relações conjugais oficializadas em cartório, na igreja ou em ambos. No entanto, através dos dados referentes à ausência das figuras materna ou paterna, que neste estudo incluem pais e/ou mães substitutos(as), vamos identificar dois elementos importantes. O primeiro se refere ao fato de o número de pais ausentes ser significativamente maior que o número de mães ausentes. O segundo diz respeito às causas dessa ausência. Quanto a isso, 4,5% declararam pai ausente por morte, enquanto somente 1% se inclui entre os órfãos de "mãe". Estes dados apontavam para uma tendência de maior ausência da figura paterna do âmbito das relações do adolescente.

Os dados apontavam também para uma defasagem etária significativa entre os pais. Pouco mais da metade dos adolescentes declararam as idades das mães igual ou abaixo de 40 anos, enquanto apenas 26% declararam que seus pais ainda não haviam atingido 40 anos. A idade predominante entre os pais estava situada entre 41 e 50 anos.

Os dados relativos ao número de irmãos apontavam para uma tendência de redução da prole nesta região. A maior parte dos adolescentes (19%) vivia em famílias de até 3 irmãos; outros 48,5% declararam 4 ou 5 irmãos; e 32,5% estavam integrados em famílias com mais de 6 filhos.

Frente a questão que busca identificar a pessoa responsável pela sustentação econômica da família, os adolescentes ofereceram uma resposta que confirma o processo de mudança do papel da mulher no contexto da família: em número crescente de famílias, a mulher está assumindo sozinha ou dividindo com o homem a função da sustentação econômica. Os dados revelam que 11% das mães dos adolescentes que constituem a nossa amostra são as únicas responsáveis pelo sustento da família. Entretanto, quando a mulher divide com o homem esta tarefa, o índice atinge 36,5%.

Os adolescentes representados em nossa amostra se diferenciavam dos seus pais no que se referia ao acesso à escola. Cerca de 10% das pessoas que garantiam a sustentação da família eram analfabetas e somente 45% terminaram o ensino fundamental. A situação se agravava na zona rural onde o índice de analfabetismo entre os pais é de 15%. É importante notar que a baixa, ou nenhuma escolarização dos pais ou responsáveis, não é um fator de desestímulo para estes adolescentes, que, além das pesadas jornadas de trabalho, buscam a escola pública dando continuidade ao seu processo de formação escolar e socialização.

A maior parte das famílias dos adolescentes desta região de Goiás tinha na agropecuária a principal fonte de renda: 45,5% do total. Em segundo lugar, encontramos um grupo de famílias (15,5%) com suas atividades econômicas vinculadas ao comércio. Das administrações públicas nas três esferas de governo (municipal, estadual e federal), dependia um terceiro grupo de famílias, significando 13,5 % da amostra. Um último e quarto grupo baseava sua renda na exploração de serviços (doméstico, construção civil etc.), o que correspondia a 10,5%.

No agrupamento dos adolescentes por classe social, utilizamos as tabelas da ABIPEME,[6] adaptando-as ao con-

---

[6] A codificação dos questionários por Nível Socioeconômico – N.S.E. foi efetuada através de um programa específico para a tabulação das questões 14 e 15. Essas questões eram relativas ao grau de escolaridade do responsável

texto socioeconômico da região. A identificação de extratos ou camadas sociais distintas era mais importante para os objetivos deste estudo do que a determinação rigorosa da condição de classe. Os dados revelaram um outro movimento migratório do campo para a cidade bastante peculiar. Trata-se de um contingente de adolescentes de ambos os sexos, filhos de grandes e médios proprietários de terra ou comerciantes, que buscavam na capital ou cidades de porte médio – inclusive de outros estados – melhores condições de ensino que lhes garantissem um lugar na universidade. Portanto, este estudo reflete, sobretudo, a realidade de uma população adolescente de classe média baixa e classe baixa. Os extremos, isto é, os abastados e os muito pobres, estão, por razões muito diferentes, em minoria nos bancos da escola pública desta região de Goiás.

Situação ocupacional

Os dados sistematizados revelaram que 82% dos adolescentes e 61% das adolescentes da região exerciam atividades produtivas, além de frequentar a escola. Essa inserção prematura, isto é, antes dos 12 anos, no mercado de trabalho tem inúmeras razões: desde a exigência de alguma participação na renda familiar até à compreensão do trabalho como estratégia eficaz de prevenção da delinquência. Do total de adolescentes economicamente ativos, 59,5% trabalhavam eventualmente, isto é, quando surgiam oportunidades de prestação de serviços, comumente caracterizadas por péssimas condições de trabalho e alto grau de exploração.

No que se refere à área econômica de atividade, é evidente a reprodução e manutenção dos papéis de gênero. Os dados revelaram que entre os adolescentes, 1% estava no

---

da família e dos itens de consumo da escala socioeconômica da Associação Brasileira dos Institutos da Pesquisa de Mercado adaptada à realidade socioeconômica da região. Os resultados obtidos revelaram o percentual baixo de adolescentes nos níveis "A" e "E" levando-nos a agregar os dados e estratificar nossa amostra em três níveis socioeconômicos: "A" (A + B)/"B" (C) e "C" (D + E). Ver dados quantitativos dos quadros 1 e 2 no endereço eletrônico citado na página 21.

serviço doméstico e 26% estavam na agricultura e/ou pecuária. Entre as adolescentes, a realidade se mostra ao contrário: 25% estavam empregadas no serviço doméstico e 1% estava na agricultura/pecuária. No âmbito do comércio, a presença de ambos os sexos se equilibrava: 13% entre os adolescentes e 10% entre as adolescentes.

A leitura destes mesmos dados sob o corte da situação domiciliar nos possibilitou perceber uma outra realidade. O índice de adolescentes mulheres da zona urbana inseridas no serviço doméstico decrescia para 22% e aumentava nos outros campos: comércio, indústria, serviços, serviço público e outros. Na zona rural, o índice de adolescentes mulheres envolvidas no trabalho doméstico ascende para 34%.

A relação entre adolescência e trabalho nesta região de Goiás mereceria um estudo específico por sua gravidade, conforme se revela nos dados. Entre os adolescentes, encontramos 39,5% que iniciaram sua vida ocupacional antes da puberdade. Entre as adolescentes, 18% já trabalhavam na fase pré-púbere, excluindo aqui, aquelas que assumiam as tarefas domésticas em sua própria casa e/ou o cuidado com irmãos menores, em substituição às mães que estão no mercado de trabalho formal para ampliar a renda familiar. Isso impõe a reflexão sobre as consequências – que esta inserção, demasiadamente prematura, acarreta para o desenvolvimento biopsicossocial do(a) adolescente.

Situação educacional

Setenta e cinco e meio por cento dos adolescentes, independentemente do sexo, nível socioeconômico e da situação domiciliar, iniciaram sua vida escolar, nas idades de 5 e 7 anos, que são as idades determinadas para o ingresso na rede pública de ensino. Se por um lado o acesso ao ensino básico ocorreu no momento adequado para um percentual razoável da amostra, a saída da escola não tem sido da mesma forma. Os dados revelam que 71% dos adolescentes apresentavam defasagem escolar,[7] sendo 15% com defasagem igual ou maior que cinco anos.

As poucas possibilidades de atividades oferecidas aos adolescentes da região tornam a escola um dos espaços mais importantes para sua socialização. Mas, certamente, a inserção no mercado de trabalho, bem como a forma dessa inserção, poderá ser outra forte razão para a defasagem identificada neste estudo.

Vivência religiosa

A população adolescente desta região era majoritariamente religiosa. Os dados apontavam para um percentual da ordem de 85% de participação em alguma igreja ou organização religiosa. No entanto, para o contexto sociocultural de Goiás, marcado pela presença do catolicismo a mais de 250 anos, é significativo o percentual de adolescentes que se declarava indiferente à religião: 13% do total, sendo 17% entre os adolescentes e 9% entre as adolescentes.

Isso significa que, depois dos católicos, que representavam 62% dos(as) adolescentes, o terceiro maior grupo é daqueles(as) que não participavam de nenhuma experiência religiosa. Entre os cristãos não católicos, se destacava o grupo das diferentes igrejas pentecostais, que reúne 19% dentre os que responderam, enquanto as igrejas protestantes históricas atingiam 3% dos(as) adolescentes. Não encontramos diferenças significativas nos dados sob o corte de situação domiciliar. Os índices de participação religiosa nas comunidades rurais e urbanas são muito semelhantes.

Concluímos, portanto, que o(a) adolescente a que nos referimos neste estudo está inserido na família de níveis socioeconômico médio e baixo; está passando pela escola pública com dificuldades para conclui-la; já ingressou no mercado de

---

[7] Entende-se, aqui, defasagem escolar como o desajuste entre a idade do adolescente e a série escolar que ele esta cursando no momento. A defasagem escolar resulta da interrupção temporária dos estudos e/ou da repetência.

trabalho formal ou já se envolveu com atividades produtivas para geração de renda nos setores da agropecuária e do comércio; e mantém a tradição religiosa, especialmente vinculada ao catolicismo. Acrescenta-se o fato de que este(a) adolescente que queremos conhecer está sendo, progressivamente, inserido num mundo globalizado através dos mecanismos próprios da modernidade, cujos referenciais éticos e morais se impõem às culturas identificadas com as sociedades ocidentais regidas pela lógica do mercado.

ADOLESCÊNCIA

Adolescência: a pessoa em construção

A palavra "adolescência" é derivada de *adolescere*, verbo latino que significa "crescimento" ou tem o sentido de "crescer até a maturidade". A partir da puberdade, ocorrem fenômenos de natureza biológica de grande importância na vida do indivíduo. A reorganização hormonal e subsequente restruturação anátomo-fisiológica têm como resultado um novo corpo de homem ou de mulher, dotado de novas sensações e da capacidade da reprodução. No entanto, a forma como o indivíduo vivência essas transformações e o significado culturalmente atribuído a este novo corpo apresenta igual relevância para o seu processo de desenvolvimento. O processo de adolescer implica no reconhecimento de um novo corpo em torno do qual se reorganizam as identidades (CIAMPA, 1994) como construtos sociais que têm impacto sobre a vida do indivíduo e sua sociedade (BLOS, 1985).

Aberastury se refere a este momento do processo da adolescência como experiência de luto pelo corpo infantil, carregada de tensão e conflito na experiência individual da pessoa e no grupo familiar em que a mesma está inserida. Assim, os caracteres secundários põe o indivíduo "ante a evidência de seu novo status e a aparição da menstruação na menina e do sêmen no rapaz [...] lhe impõem o testemunho da definição sexual e do papel que terão de assumir". Desse modo,

> A flutuação entre a infância e a adolescência é dolorosa. Os adolescentes queriam ser adultos de súbito, ou não crescer nunca. Também para os pais, aceitar as progressões e regressões necessárias na adolescência é um processo conflitivo. [...] Isto se dramatiza na vida diária do adolescente, que, por um lado, deve submeter-se a uma disciplina, escolar ou doméstica, e, por outro, quer participar ativamente na vida do adulto, para o que necessita de liberdade. (ABERASTURY, 1990, p. 25 e 26)

Esta aproximação real do mundo adulto, colocada pela possibilidade da reprodução, implica em outras perdas:

> O novo corpo que o adolescente carrega agora é um fator de angústia. Afinal, não está completamente formado e significa perda de um outro corpo, já conhecido e familiar, o corpo de criança. A identidade, que o adolescente construiu a partir de um esquema corporal infantil, tem agora que ser reformulada, reconstruída.
>
> O luto pelo corpo infantil é um dos pontos chaves para compreendermos o processo de adolescência. O luto é pelo corpo propriamente dito e por aquilo que esse corpo significa: as relações que o indivíduo mantém consigo e com os outros, principalmente com os pais, e as responsabilidades que o corpo carrega...
>
> O adolescente precisa fazer o luto pelos pais da infância, o que significa perder o refúgio e a proteção que eles representam. (STENGEL, 1996, p. 40, ver também KNOBEL, 1992)

Ao abordar os fenômenos da adolescência nos deparamos com a insegurança e a instabilidade nos diversos aspectos da existência. Trata-se de sentimentos característicos de quem está trocando o que é conhecido e familiar pelo desconhecido e ainda incompreensível. "Estar adolescente" significa "estar em transição": uma fase de transição que tem profundas "raízes" na infância e, concomitantemente, lança seus "galhos" em direção ao futuro. A Organização Mundial de Saúde, ao estabelecer parâmetros para o trabalho junto as populações adolescentes, considera:

> uma abordagem da adolescência como uma fase de transição em que se dá o desenvolvimento biológico da infância até o amadurecimento sexual e reprodutivo; o desenvolvimento dos padrões cognitivos e emocionais da infância à idade adulta, respeitadas as particularidades culturais; e o desenvolvimento socioeconômico da pessoa em direção à sua relativa independência material, no interior da organização econômica de seu grupo. (OMS, 1988, p. 18)

Erikson dedica um grande espaço à adolescência no conjunto de sua teoria por considerá-la um período crucial da identidade. É importante ressaltar que Erikson rompe com uma imagem da adolescência bastante disseminada na sociedade ocidental. Refiro-me à conotação de "tempestade e tormenta" que é dada a esta fase do desenvolvimento da pessoa. Essa ideia de adolescência – ideia difundida por Hall (1904) – como um tempo necessariamente marcado pela rebeldia, turbulência, angústia e sofrimento não se sustenta na teoria orgânica de Erikson:

> A adolescência é o último estágio da infância. Contudo, o processo da adolescência só está inteiramente concluído quando o indivíduo subordina as suas identificações infantis a uma nova espécie de identificação, alcançada com o desenvolvimento da sociedade e com a aprendizagem competitiva com e entre os companheiros de sua idade. Essas novas identificações já não se caracterizam pela natureza lúdica da infância, nem pelo ímpeto de experimentações da juventude: com uma urgência avassaladora, elas forçam o jovem a optar e tomar decisões que com um imediatismo crescente levá-lo-ão a compromissos "para toda a vida". A tarefa a ser desempenhada neste momento, é formidável. Ela requer considerando as diferenças individuais e sociais, grandes variações na duração, intensidade e ritualização da adolescência. (ERIKSON, 1968, p. 155)

Trata-se de deslocar o problema das dificuldades inerentes ao processo de adolescer do âmbito do indivíduo ou da natureza normativa para o âmbito do contexto sócio-histórico-cultural em que o indivíduo está inserido. Erikson vincula a quantidade e a intensidade dessas dificuldades à qualidade das condições objetivas e subjetivas que a sociedade oferece ao indivíduo:

> A adolescência, portanto, é menos "tempestuosa" no segmento da juventude que é bem-dotado e treinado para explorar as tendências tecnológicas em expansão e que, portanto, está apto a identificar-se com os novos papéis de competência e invenção e a aceitar uma perspectiva ideológica mais implícita... Por outro lado, se um jovem sentir que o ambiente tenta privá-lo radicalmente de todas as formas de expressão que lhe permitiriam desenvolver e integrar o passo seguinte, ele poderá resistir com todo vigor selvagem encontrado nos animais que são subitamente forçados a defender a própria vida. (ERIKSON, 1968, p. 129,130)

Encontramos no processo de adolescer uma identidade em crise. Isso implica dizer que estamos diante de um momento do ciclo vital que, paradoxalmente, encerra grandes riscos e grandes possibilidades para o projeto de vida em construção, próprio dos momentos de crise. No conjunto de sua "teoria orgânica do desenvolvimento da personalidade", Erikson considera a adolescência a "5a. idade do homem", na qual o conflito nuclear é identificado como "Identidade X confusão de papéis", sendo na resolução deste conflito que o indivíduo determinará sua identidade. Aproximando-se muito de Sullivan (1953), Erikson afirma:

> a formação de identidade requer um processo de reflexão e observação simultâneas, um processo que ocorre em todos os níveis de funcionamento mental e pelo qual o indivíduo se julga à luz daquilo que percebe ser a forma como os outros o julgam, em comparação com eles próprios e com uma tipologia que é significativa para eles. Ao mesmo tempo, ele julga a maneira como os outros o julgam, de acordo com o modo como ele se vê, em comparação com os demais e com os tipos que se tornaram importantes para ele. (ERIKSON, 1968, p. 22, 23)

Nesse texto, descreveremos e analisaremos o material empírico que revela aspectos significativos dessa condição adolescente no contexto de comunidades rurais e pequenos aglomerados urbanos do interior de Goiás. Pretende-se uma aproximação maior com este mundo adolescente, buscando ampliar e aprofundar o conhecimento de seu processo, possibilitando uma intervenção pedagógica que reconheça, valorize e respeite as características sociais, biofisiológicas e psicoemocionais próprias do adolescer enquanto processo de construção de identidade. Diferentemente do que pensam os autores até aqui citados, entendemos que a adolescência, como processo sociocultural, independe dos processos de natureza biológica. No entanto, não significa que estejamos ignorando as consequências psicossociais do processo puberal, mas reconhecendo a autonomia da adolescência como fenômeno preponderantemente cultural, pois trata-se de um tempo em que a identidade infantil entra em crise e o adolescente procura construir para si uma nova identidade. Não obstante o processo de construção de identidade no ser humano ser entendido como um *continuum* que perdura por toda a vida, pode alcançar maior ou menor intensidade em determinados períodos da vida, bem como ser vivido com graus e formas diferenciadas de crise e conflito. A adolescência seria, por excelência, um período de crise de identidade (AFONSO, 1997).

Dentre as várias expressões da crise de identidade que marca o período da adolescência destacam-se aquelas que se referem à dimensão da sexualidade. A definição de uma identidade sexual e dos papéis sexuais no âmbito do grupo social são questões a serem respondidas o quanto antes por adolescentes de ambos os sexos. Em interação com os diversos atores que compõem seu cenário sociocultural, meninos e meninas em transformação veem as referências de masculinidade e feminilidade, adquiridas durante a infância, submetidas ao crivo das novas descobertas da adolescência.

Sexualidade: o masculino e o feminino como construção social na adolescência

Até o momento podemos afirmar que a vivência da sexualidade tem uma dinâmica peculiar onde diversos fenômenos – resultantes da interação da pessoa consigo mesma, com o outro e com a cultura – ocorrem. Chauí nos chama a atenção sobre essa dinâmica em seu estudo sobre a repressão sexual quando diz:

> Temos, assim, um fenômeno curioso, qual seja o de que algo suposto ser meramente biológico e meramente natural (sexo), sofre modificações quanto ao seu sentido, à sua função e à sua regulação ao ser deslocado do plano da natureza para o da sociedade, da cultura e da história. (CHAUÍ, 1985, p. 10)

Como já afirmamos, a pessoa não é um ser pronto e definitivamente acabado. Trata-se de alguém em construção contínua, independentemente da etapa do ciclo vital que esteja vivendo. Essa noção de processo se torna mais evidente no tempo da adolescência. Sabemos também que não se trata de um processo estritamente interno, desvinculado de seu contexto sociocultural. A construção desta pessoa se processa na interação com seu contexto cultural. Reconhecemos também que a pessoa que aqui discutimos se constitui em estrutura complexa integrando ao mesmo tempo várias dimensões: biofisiológica, sociopolítica, psicoafetiva e cognitiva (DOLE, 1995). Para este estudo, as experiências que ocorrem no âmbito da afetividade têm grande importância porque consideramos que toda e qualquer experiência sexual – havendo ou não envolvimento genital – encerra uma carga de afetividade que é, essencialmente:

> estado afetivo, penoso ou desagradável, vago ou qualificado, quer se apresente sob a forma de uma descarga maciça, quer como tonalidade geral [...] O afeto é a expressão qualitativa de energia pulsional e de sua variações. (LAPLANCHE e PONTALIS, 1992)

Assim, entendemos que o exercício da sexualidade se processa na pessoa como um todo, em constante interação com a realidade em que está inserida. Isto implica compreender a sexualidade humana como construção social tal como nos aponta Gagnon e Parker:

> a compreensão da sexualidade e da atividade sexual como socialmente construída desviou seu foco de atenção para a natureza intersubjetiva dos significados sexuais – sua qualidade compartilhada, coletiva, não como propriedade de indivíduos atomizados ou isolados, mas de pessoas sociais integradas no contexto de culturas sexuais distintas e diversas. Essa ênfase na organização social das interações sexuais, nos contextos nos quais ocorre a prática sexual e nas relações complexas entre significado e poder na constituição da experiência sexual deslocou sua atenção cada vez mais do comportamento sexual, em si e para si, para as regras culturais que o organizam. (GAGNON e PARKER, 1994)

Estamos diante de uma conduta humana profundamente íntima e circunscrita ao âmbito do privado, mas que, concomitantemente, também é resultado da cultura e das relações sociais em que este homem e esta mulher estão inseridos. O público e o coletivo estabelecem pautas de conduta, delimitam espaços e determinam papéis para cada um dos agentes do processo. Aragão, ao descrever a conexão entre a cultura sexual mediterrânea e a cultura sexual brasileira afirma:

> Ao sul do Mediterrâneo opera-se uma disjunção no plano da sexualidade entre a função de reprodução biológica e social (segmento da família e da maternidade "legítima", investida curiosamente de uma sacralidade difusa e tenaz) e aquela propriamente do prazer sexual, ejetado tradicionalmente para fora do âmbito do plexo social mais central, sendo tratado do ponto de vista da organização da libido e da própria prática da sexualidade como um resíduo mais ou menos "pecaminoso", e em todo caso socialmente subalterno. Por mais extemporâneo que possa parecer para o leigo, aí reside uma das articulações mais internalizadas de nossos males políticos e civilizacionais.

> Aí se localiza o fulcro da dicotomia casa/rua, que como mostrou Roberto da Matta, conjuga duas morais e uma ética bipartida, e em nosso entender, na verdade, quase que estabelece as bases do campo do bem e do mal, produzindo o que chamamos de "corpo dividido". (ARAGÃO, 1992, p. 12-13)

Isso significa que a vivência sexual pode resultar em consequências diferenciadas para homens e mulheres, não só do ponto de vista biológico, mas também no que se refere à compreensão de si mesmo, do outro e de suas relações. Barbieri propõe trabalhar com a ideia de um "sistema de gênero/sexo" enquanto

> *conjuntos de prácticas, símbolos, representaciones, normas y valores sociales que las sociedades elaboran a partir de la diferencia sexual anátomo-fisiológica y que dan sentido a la satisfacción de los impulsos sexuales, a la reproducción de la especie humana y en general al relacionamento entre las personas.* (BARBIERI, 1991, p. 30)

Essa compreensão das relações de gênero como uma realidade abrangente na qual o sexo biológico e natural passa a ter significação social, com implicações concretas na trajetórias sociais dos indivíduos, é assinalada também por Afonso em seu estudo sobre a adolescência e sexualidade:

> relações de gênero referem-se às relações entre feminino e masculino, isto é entre homens e mulheres, não como entidades biológicas, mas tais como definidos pelas matrizes simbólicas de sua cultura. Assim, encontramos relações de gênero embutidas não apenas nas relações amorosas, mas também nas relações de trabalho, de política, entre outras. (AFONSO,1997, p. 69)

Um olhar mais atento sobre a realidade brasileira, historicamente marcada pela tradição patriarcal, permitirá perceber sinais muito evidentes desta estrutura hierárquica que se perpetua, resistindo à reorganização dos modos de produção da sociedade brasileira, atravessando as gerações, permeando as classes sociais, manifestando-se na cidade e no campo. Parker em seu trabalho sobre a cultura sexual brasileira, enfatiza a importância do patriarcalismo enquanto

> construção ideológica e sistema de representações que continua a influenciar a maneira pelas quais os brasileiros contemporâneos compreendem a ordem própria das coisas no seu universo, estruturam suas interações sociais e interpretam o sentido de suas relações sociais. [...] Deduz-se a força que as estruturas patriarcais continuam a exercer sobre a vida contemporânea brasileira ao se contrastar os silêncios, as proibições e as repressões que caracterizam a socialização das mulheres com a radicalmente diferente educação sexual dos homens. (PARKER, 1991, p. 56, 95)

A desigualdade que caracteriza as relações de gênero no contexto da sociedade brasileira afeta a qualidade de vida de homens e mulheres. As iniciativas de cuidado com a saúde sexual e reprodutiva, por exemplo, enfrentam reais dificuldades em integrar o homem no processo de cuidado da própria saúde e da saúde da parceira, quando esse cuidado passa pela avaliação de práticas sexuais e vivências afetivas masculinas. Historicamente, diferentes processos de socialização estabelecem que o cuidado com a saúde de si própria, dos filhos e do parceiro é uma tarefa da mulher. O homem, a partir da posição de poder que ocupa nas relações sociais de gênero, é o principal sujeito do processo decisório sobre a vida reprodutiva em sociedade. Tanto pelo fato de ocupar posições de mando em instituições vinculadas à saúde e à sexualidade, quanto por sua posição de "chefe" de família pela qual pode, por mecanismos simbólicos e pragmáticos, exercer o controle sobre o corpo e a vida reprodutiva feminina. No entanto, a maioria dos homens se exime dos procedimentos cotidianos e das responsabilidades resultantes das decisões nesse campo. Homens e mulheres incorporaram essa ausência como algo "natural" e "normal" e não como uma das expressões da discriminação de gênero onde o cuidado com a saúde da família ou do casal é assimilado como função feminina, dificultando as tentativas de envolver o homem no cuidado e promoção da sua saúde sexual.

Da mesma forma, em outras dimensões da vida, a cultura sexista estabelece com acentuada rigidez o que é próprio do masculino e o que é próprio do feminino, implicando na autoexclusão e/ou na mútua-exclusão de um grande número de experiências cotidianas, importantes para o processo de crescimento de homens e mulheres como pessoas. A força dos mecanismos sociais que oferecem sustentação a esse processo de exclusão em diferentes contextos socioculturais e a abrangência das práticas de exclusão no que se refere à faixa etária, classes sociais, raça e religião apontam para a instalação de uma "cultura da exclusão", como condição determinante e ao mesmo tempo produto das relações de gênero. Portanto, a condição de gênero, enquanto "forma primeira de significar as relações de poder" (Scott, 1991), está na base do código social que estabelece padrões diferenciados de conduta para homens e mulheres nos vários setores da vida social.

> Seria melhor dizer que o gênero é um campo primeiro no seio do qual ou por meio do qual o poder é articulado. O gênero não é o único campo mas ele parece ter constituído um meio persistente e recorrente de tornar eficaz a significação do poder no ocidente... (Scott, 1991)

Mas é na vivência da sexualidade que a discriminação de gênero se mostra com muita evidência. As representações de masculinidade e feminilidade interferem, de forma determinante, nas relações entre os parceiros, condicionando o cuidado com a saúde sexual e reprodutiva em vários de seus aspectos. Precisamente, nas decisões relativas ao exercício da sexualidade em todas as suas dimensões, se instala o jogo do poder entre os parceiros.

O espaço da ação educativa em sexualidade possibilitaria a identificação e a discussão das regras que regem este jogo? Os resultados deste trabalho apontam que, quando adotamos uma pedagogia crítica e aberta a multidisciplinaridade; quando superamos a dicotomia professor/aluno e nos encontramos na interação educador/educando; e quando ultrapassamos o limite da palavra escrita ou falada e nos permitimos expressar através da imagem, do gesto, da argila, da cor, do traçado, da colagem entre outros recursos, é possível colocar em questão o sexo e a sexualidade na perspectiva da alteridade e das relações de gênero.

Adolescência e sexualidade no contexto da modernidade

A estratégica localização geográfica de Goiás e o fato sociopolítico e econômico da implantação de Brasília em seu território resultou em desdobramentos de grande importância para a vida cotidiana das populações ali estabelecidas. A economia, que até fins da década de 60 era exclusivamente baseada na agropecuária manual, praticada em grande número de pequenas propriedades, sofreu transformação significativa com a concentração da terra e a implantação da moderna agroindústria, além da expansão das redes de comércio e serviços. A necessidade geo-política de integrar Brasília ao resto do país exigiu a implantação de extensa malha viária, com grandes rodovias federais recortando o território de Goiás em direção aos grandes centros e ao interior. A febre desenvolvimentista também implantou uma infraestrutura de aeroportos extensa para aviões de pequeno porte, além do Aeroporto Internacional de Brasília. Todas as grandes redes de TV e rádio se instalaram na região e constituíram-se na principal atividade de entretenimento e lazer.

Esse "choque de modernidade", protagonizado e sustentado pela elite dominante nas últimas décadas, implicou na experiência permanente de enormes contrastes no Goiás do final do séc. XX. É comum encontrar o carro de boi e o carro importado dividindo a mesma rodovia; o trabalhador assalariado ou boia-fria nas culturas de cana e de tomate ao lado das grandes máquinas de colheita e pivôs centrais de irrigação; uma vasta rede de computadores – inclusive nas pequenas cidades – e um contingente expressivo de crianças semianalfabetas ou fora do sistema de ensino; centros importantes de reprodução assistida na capital, enquanto, no interior, há restrição nas opções de métodos contraceptivos no serviço público, com alto índice de esterilização feminina; grupos familiares tradicionais, provenientes de São Paulo, presentes na região desde meados do século XVIII, assistem à chegada dos mineiros e dos nordestinos em busca de trabalho. Enfim, dentro do mesmo Estado, temos a comunidade negra dos Calungas, que preservam não muito distante de Brasília, a expressão maior da modernidade arquitetônica e urbanística, a língua e a forma de organização tribal africana. Não se pode, portanto, pensar aspectos da vivência afetivo-sexual adolescente, em comunidades do interior goiano, fora deste referencial histórico e cultural em que o "velho" insiste em permanecer e o "novo" se impõe como inevitável.

Sendo assim, poderíamos perguntar: estariam os adolescentes de baixo nível socioeconômico do interior de Goiás excluídos da modernidade? Em relação ao acesso aos bens e serviços que a sociedade moderna oferece, com certeza que sim. Mas, no que se refere às práticas, às atitudes e aos valores, não poderíamos oferecer a mesma resposta tão absoluta e definitiva.

Frequentemente, nos deparamos com discursos classificando de "moderno" o comportamento afetivo-sexual dos adolescentes de nossa época. Em relação às atitudes ou formas de expressão afetiva que esses adolescentes de ambos os sexos, de diferentes idades e níveis socioeconômicos inventam – ou reinventam – no cotidiano de suas relações afetivas. Para o senso comum, em muitos aspectos da vida humana, "moderno" encerra a ideia de avanço, de qualidade, de bom, se opondo ao "antigo", enquanto ultrapassado e ruim (AZEVEDO, 1993).

No entanto, não podemos afirmar o mesmo quando se trata da vivência afetivo-sexual.

Não há como negar que o advento da pílula, assim como todas as outras tecnologias contraceptivas ou de concepção assistida vieram aumentar significativamente a autonomia da sexualidade e do corpo em relação à reprodução, promovendo a reorganização das relações de poder entre os gêneros. Azevedo (1993) afirma que estamos assistindo neste final de século e de milênio a uma convivência dos três paradigmas culturais: o "pré-moderno", o "moderno" e o "pós-moderno".

O paradigma "pré-moderno" se caracterizaria pela valorização do todo sociocultural, em que a religião tem amplo poder de legitimação das práticas sociais (teocentrismo). O grupo se sobrepõe ao indivíduo cuja referência principal é sua família: extensa e hierárquica. A história é compreendida como algo estático e a cultura é monolítica oferecendo sustentação à ordem hieráquica. O não moderno valoriza a estabilidade e a conservação, favorecendo a intolerância e o autoritarismo.

Na "modernidade" encontramos uma valorização do indivíduo, da subjetividade e da liberdade. O processo de secularização relativiza a força da religião e o teocentrismo vai dando lugar ao antropocentrismo. A história é percebida como resultado da superação das próprias contradições onde o ser humano é ativo e construtor de uma cultura pluralista que respeita a diversidade. O indivíduo está situado em uma família nuclear inserida numa ordem precária, instável e negociável. No paradigma moderno, valoriza-se a verdade, a objetividade e a universalidade.

Segundo Lipovetsky, na "pós-modernidade, o individualismo hedonista e personalizado se tornou legítimo e já não depara com oposição...e na sociedade reina a indiferença de massa". O valor supremo da personalização é o elemento estruturador da cultura *modus vivendi* na sociedade pós-moderna, assim caracterizada:

> a descontinuidade pós-moderna não começa com este ou aquele efeito particular, cultural ou artístico, mas com a preponderância histórica do processo de personalização, acompanhada pela reestruturação do todo social sob sua lei própria...A cultura pós-moderna é descentrada e heteróclita, materialista e psi, porno e discreta, inovadora e rétro, consumista e ecologista, sofisticada e espontânea, espetacular e criativa. (LIPOVETSKY, 1989, p. 12)

Estamos assistindo a um processo de elevação do individualismo à sua máxima potência e nos deparamos com situações em que os direitos do indivíduo se sobrepõem aos direitos de grupos e coletividades:

> na época pós-moderna, perdura um valor principal, intangível, indiscutido através das suas múltiplas manifestações: o indivíduo e o seu direito cada vez mais proclamado de se realizar a parte, de ser livre, à medida que as técnicas de controle social passam a aplicar dispositivos mais sofisticados e "humanos". (LIPOVETSKY, 1989, p. 13)

Em meio ao debate sobre a modernidade/pós-modernidade, Anthony Giddens afirma não haver pós-modernidade mas sim a radicalização e a universalização das consequências da modernidade nas formas das sociedades de informação e de consumo industrial. Para esse autor, a produção em larga escala e o consumo massivo dos contraceptivos e toda a informação disseminada sobre as estratégias de controle da reprodução são consequência das mais significativas do mundo moderno quanto à vivência afetivo-sexual.

> A invenção da infância e da maternidade tem aqui suas origens. Enquanto o comportamento sexual estava ligado à reprodução e às gerações, a "sexualidade" não possuía existência independente. A atividade sexual era dividida entre uma orientação para a reprodução e a *ars erotica*... (GIDDENS, 1993, p. 193)

Para Giddens, a possibilidade de construir o próprio caminho, que é assegurada ao indivíduo na modernidade, implica em consequências também importantes para a sexualidade:

> Quanto mais o tempo de vida se converte em um referencial interno e quanto mais a autoidentidade é assumida como um esforço reflexivamente organizado, *mais a sexualidade se converte em uma propriedade do indivíduo*. Assim constituída, a sexualidade sai de cena, sequestrada tanto em um sentido físico quanto em um sentido social. Ela é agora um meio de criarem-se ligações com os outros tendo como base a intimidade, não mais se apoiando em uma ordem de parentesco imutável, mantida através das gerações. A paixão é secularizada, extraída do "amour passion" é reorganizada como a ideia do amor romântico; é privatizada e redefinida. (GIDDENS, 1993, p. 193)

O "sequestro da experiência" a que se refere o autor está relacionado com os poderosos mecanismos de repressão desenvolvidos pelas instituições da modernidade. Foucault (1988), por exemplo, falava de "vigilância" para se referir a invasão promovida pelas estruturas do Estado e outras instituições no domínio da intimidade da pessoa. Essa intervenção resulta na reorganização da sexualidade e de outras dimensões da pessoa incidindo diferentemente sobre homens e mulheres:

> O sequestro da sexualidade ocorreu, em grande parte, mais como resultado da repressão social do que da repressão psicológica, e estava acima de tudo relacionado a dois fatores: o confinamento ou a negação da resposta sexual feminina, e a aceitação generalizada da sexualidade masculina como não problemática. Estes desenvolvimentos foram reelaborações de antigas divisões entre os sexos, particularmente a distinção entre as mulheres puras e impuras, mas foram remodelados em um novo formato institucional. (GIDDENS, 1993, p. 195-196)

Aprofundando o olhar sobre as relações de gênero do nosso tempo, nos deparamos com um grande desequilíbrio de poder aí instalado. O pluralismo de comportamento e as possibilidades de escolha, enquanto dois fortes atributos da modernidade, não se realizam com o mesmo grau e intensidade nas experiências de homens e mulheres, conforme Giddens nos aponta:

> A separação da sexualidade da reprodução e a socialização da reprodução desenvolvem-se como modos de conduta tradicionais, com toda sua riqueza moral – e seus desequilíbrios do poder do gênero – sendo substituída pelas ordens internamente diferenciais da modernidade. (GIDDENS, 1993)

Podemos acrescentar que a amplitude e a intensidade das consequências de cada um destes paradigmas na vida cotidiana do indivíduo dependerá efetivamente da sua situação de classe, de sua condição racial e de sua faixa etária. Adolescer numa sociedade que experimenta uma crise ampla e profunda de seus paradigmas fundamentais indica esforço redobrado da pessoa para situar-se no mundo, elaborar suas escolhas e superar as crises próprias da adolescência.

Adolescer neste final de século implica viver muito mais que uma "crise de identidade" que se processa no espaço da intimidade do sujeito. Significa que no contexto de uma sociedade em transição do arcaico para o pós-moderno, quando encontramos desde o adolescente submetido ao trabalho escravo, passando pela falência do sistema de ensino até o adolescente que navega no espaço cibernético não há lugar para a estabilidade. Nesse sentido, seria um equívoco dissociar fatores e efeitos da crise por que passa a pessoa dos fatores e efeitos da crise por que passa a sociedade, na qual esta pessoa está inserida.

As "oficinas": a ação pedagógica como estratégia de investigação e intervenção

> Guimarães Rosa dizia "aquilo que vou saber sem saber eu já sabia." Pois é justamente isso que o sábio faz. A gente já sabia. Mas, não sabia. Sabia sem palavras. Aí o sábio abre a boca e a gente se surpreende por ouvir dito aquilo que já morava adormecido no silêncio do corpo.
>
> (Rubem Alves)

"Oficinas": construindo o conhecimento a partir da vida

O "Projeto Adolescer" se constituiu em importante dimensão do "Projeto Concepção de Sexualidade dos Adolescentes no Interior de Goiás: consequências para o processo de reprodução humana" (RENA, 1996) pelo seu caráter de intervenção pedagógica no campo da educação sexual. Sendo uma iniciativa de natureza pedagógica, o "Projeto Adolescer" consistiu em um conjunto de ações educativas em sexualidade, em parceria com duas escolas públicas nos municípios de Itaberaí e Mossâmedes. O "Projeto Adolescer" pretendia o envolvimento de grupos de adolescentes no processo de reflexão e interpretação dos dados da pesquisa quantitativa – uma outra dimensão importante do projeto "Concepção de Sexualidade dos Adolescentes no Interior de Goiás: consequências para o processo de reprodução humana" (RENA, 1996) – no âmbito de ações educativas que permitissem enriquecer a análise dos dados com outras informações de caráter subjetivo. Outro propósito era testar e avaliar estratégias pedagógicas e recursos didáticos na abordagem da temática relacionada à vivência sexual a fim de sistematizar um modelo de intervenção pedagógica. A sistematização dos dados do *survey* demandou mais tempo do que o previsto e nos obrigou a abandonar a ideia de submetê-los à interpretação dos adolescentes. Tivemos o cuidado de planejar nossa ação educativa tendo como referência os grandes eixos temáticos que orientaram a construção do questionário utilizado no *survey*.

O termo "Oficina" é definido pelo *Dicionário Aurélio* (1986) como "lugar onde se exerce um ofício... lugar onde se verificam grandes transformações". A prática das oficinas" consiste precisamente na prática do ofício de pensar sobre a vida e senti-la em vista de pequenas e grandes transformações. Se, para o marceneiro, a madeira é a matéria a ser transformada em objeto útil pela força do seu desejo e das suas ferramentas, para o grupo "em Oficina", a matéria-prima a ser trabalhada é a história de cada componente e a história de todos que poderão ser reveladas e transformadas pela força dos argumentos e dos sentimentos compartilhados. A vivência da "Oficina" implica esse esforço pedagógico pessoal e coletivo, com a racionalidade e a objetividade próprias da pedagogia, associado à abordagem da dimensão afetiva-emocional da pessoa, de modo a permitir a desconstrução de preconceitos e tabus e reconstrução social dos valores, das crenças, social e historicamente construídos. Efetivamente, o grupo se torna, por algumas horas, a possibilidade real de experimentação de novos padrões de relacionamento, de problematização dos papéis sociais e de relativização das identidades monolíticas. É esta intencionalidade pedagógica e este olhar psicossocial que nos permitem afirmar que as "Oficinas" se constituem em intervenção psicossocial. Afonso, em seu ensaio sobre "Oficinas" enquanto técnica de intervenção psicossocial, considera:

> a oficina como um trabalho estruturado de grupos, podendo incluir vários encontros, mas sendo sempre focalizado em torno de uma questão central que o grupo se propõe elaborar, dentro ou fora de um contexto institucional. Principalmente, é preciso esclarecer que a elaboração que se busca na oficina não se restringe a uma reflexão racional mas envolve os sujeitos de maneira integral, seus sentimentos, formas de pensar e de agir. Assim, a oficina se distingue de um projeto apenas pedagógico, embora tenha uma dimensão pedagógica, e de grupos de terapia, embora envolva uma dimensão clínica. Além disso, a "oficina" utiliza-se em grande medida das teorias e técnicas de grupo já produzidas na área da dinâmica de grupo, o que caracteriza uma prática de intervenção própria da psicologia social. (AFONSO, 1997, p. 3)

Nesse sentido, podemos sugerir que as "Oficinas" expressam a mesma linha metodológica de intervenção psicossocial adotada na pesquisa-ação que reconhece o envolvimento do pesquisador como fato inevitável e como um valor. Barbier (1985), citado por Haguette, aponta três níveis de implicação do pesquisador junto ao objeto pesquisado no processo da pesquisa-ação: "psicoafetivo"; "histórico-existencial" e "estrutural-profissional" o que implica:

> o engajamento pessoal e coletivo do pesquisador em e por sua práxis científica, em função de sua história familiar e libidinal de suas posições passadas e atual nas relações de produção e de classe, e de seu projeto sociopolítico em ato, de tal modo que o investimento que resulta inevitavelmente de tudo isso seja parte integrante e dinâmica de toda atividade de conhecimento. (HAGUETTE, 1990, p. 100)

Na metodologia das "Oficinas" nos propomos a articular técnicas/estratégias com uma postura pedagógica crítico-transformadora, que viabilizaria a "dinâmica do grupo", oferecendo as condições para a construção de uma consciência de grupo. Este sentimento de pertença a um grupo é necessário ao enfrentamento do desafio que significa rever valores, atitudes e normas da cultura, até então aceitos e introjetados. Lewin (1948) em seus estudos sobre a aceitação de novos valores, afirma que toda iniciativa de problematização no nível dos valores implica em hostilidade:

> o processo reeducativo encontrará normalmente hostilidade. [...] a reeducação significa o estabelecimento de um novo superego, segue-se necessariamente que o objetivo procurado não será atingido enquanto o indivíduo não sentir o novo conjunto de valores como algo livremente escolhido. As oportunidades de reeducação parecem aumentar sempre que se cria um forte sentimento grupal. O estabelecimento desse sentimento, de que estamos todos no mesmo barco, passamos as mesmas dificuldades e falamos a mesma língua, é ressaltado como uma das principais condições para facilitar a reeducação. (LEWIN, 1948, p. 80, 81, 83)

Assim, estamos apresentando a metodologia de "Oficinas" – enquanto instrumento adequado à problematização e à revisão de valores e atitudes no campo da sexualidade – como resposta para a questão fundamental deste estudo.

Foram realizadas sete "Oficinas",[1] com duração de quatro horas, entre os meses de agosto e dezembro de 1994, atingindo vinte e quatro adolescentes com idades entre 13 e 19 anos, organizados em dois grupos, um na zona rural e outro na zona urbana. Os temas abordados nas Oficinas foram determinados a partir de uma compreensão abrangente da sexualidade e quase todos também são encontrados no questionário utilizado no *survey*: sexo, sexualidade e erótica; corpo; relações de gênero; paternidade/maternidade; saúde e sexualidade. A seguir apresentamos os princípios metodológicos fundamentais que orientaram nossa atuação durante o "Projeto Adolescer".

---

[1] Com o termo "Oficina" estamos designando o método adotado nas ações educativas realziadas junto aos grupos de adolescentes.

Elaboração individualizada e elaboração coletiva

O número reduzido de participantes possibilita a relação face a face, favorecendo o movimento constante do individual para o coletivo e vice-versa.

> Para melhor compreender esta visão do grupo é preciso enfatizar que o participante do grupo é pensado como um sujeito social cujas formas de compreender o mundo e de se compreender no mundo são construídas na interação e comunicação social. (AFONSO, 1997, p. 4)

Essa compreensão, contudo, não nos impede de considerar cada pessoa como única na construção de sua trajetória social, portanto, podendo oferecer contribuições originais ao processo do grupo, ao compartilhar sua experiência cotidiana. Concordamos com Berger e Luckmann, quando afirmam que:

> A experiência da vida cotidiana é partilhada com os outros [...] A mais importante experiência dos outros ocorre na situação de estar face a face com o outro, que é o caso prototípico de interação social. Todos os demais casos derivam deste.
>
> Na situação face a face, o outro é apreendido por mim num vivido presente partilhado por nós dois. Sei que no mesmo vivido presente sou apreendido por ele. Meu "aqui e agora" e o dele colidem continuamente um com o outro enquanto dura a situação face a face. Como resultado, há um intercâmbio contínuo entre minha expressividade e a dele... Isto significa que, na situação face a face, a subjetividade do outro me é acessível mediante o máximo de sintomas. Na situação face a face, o outro é plenamente real. Esta realidade é parte da realidade global da vida cotidiana, e como tal maciça e irresistível. (BERGER & LUCKMANN, 1985, p. 46-47)

É importante também reconhecer que a pessoa na adolescência já adquiriu capacidade cognitiva necessária para essa tarefa e deve ser estimulada a desenvolvê-la. Por outro lado, a inserção do adolescente em processos de construção coletiva contribui para a chamada "segunda socialização", além de superar sentimentos de autossuficiência e a intensificação do narcisismo.

Horizontalizando relações

A dinâmica da "oficina", diferentemente da "hora-aula" presente no esquema escolar tradicional, exigiu a garantia de "espaço temporal" suficiente e a reorganização do "espaço físico". Esses dois elementos devem estar adequados para favorecer a prática do diálogo participativo que viabilize uma relação horizontal e circular, buscando compartilhar as experiências, as emoções e o conhecimento. Apontando os elementos básicos para um planejamento que valorize a relação afetivo-cognitivo como estratégia para uma aprendizagem significativa, Romaña cita Weinstein e Fantini, que afirmam:

> A significação é aquilo que relaciona os aspectos afetivos com os cognitivos e conceituais da aprendizagem. Uma maior articulação entre o mundo afetivo e os métodos educativos reduzirá a desarmonia entre aprendizagem e comportamento...afetividade não é só um sentimento ou emoção intensos, é antes de mais nada uma expressão das forças básicas que direcionam e norteiam o comportamento. Os impulsos mais profundos que mobilizam o comportamento surgem dessas forças. (ROMAÑA, 1992)

É importante observar que horizontalizar a relação pedagógica não significa confundir os papéis de educador e educando, mas sim, reconhecer a possibilidade da relação igualitária na diversidade e a presença de saberes distintos e construídos de formas diferentes, que nem sempre se contradizem e, às vezes, se complementam. Vale salientar também que "circularizar" a relação/diálogo é mais que dispor objetos e/ou pessoas em círculo. Trata-se de uma atitude permanente de atenção e escuta do outro, que pode estar ao lado ou à frente, mas nunca impedindo uma comunicação face a face.

No exercício do diálogo, captamos e emitimos outros sinais que, em determinadas situações, dizem mais que as palavras.

Resgatando a história de todos e de cada um

Valores e atitudes, sobretudo no âmbito da sexualidade, são histórica e culturalmente construídos. Nesse sentido, a ação pedagógica que busca atualizar informações, discutir valores e alterar atitudes não pode prescindir de elementos da história do sujeito e do grupo cultural ao qual pertence.

> a introdução da história no domínio da sexualidade não se faz exclusivamente ressituando a conduta do sujeito na sua evolução educativa. Ela é feita também através de uma nova maneira de conceber a realidade sexual em si. As pesquisas antropológicas, especialmente as Freudianas, mostram de fato que a sexualidade não é um instinto maciço e estático definitivamente situado no final da adolescência. Ela tem e mesmo é uma história. (THÉVENOT, 1984)

Aqui, entendemos história como movimento, como processo. Portanto, esse resgate implica olhar para o passado, valorizar as experiências, os processos em curso e falar dos projetos para o futuro. Nesse sentido, os adolescentes foram provocados a encarar a vida também como fruto dos seus desejos, das relações que estabelecem e da sua interação com o mundo. Ao defrontar-se criticamente com sua própria história, devidamente situada na história de sua família e de seu grupo sociocultural, o sujeito se dá conta de que sua experiência afetiva-sexual é atravessada por mecanismos de normatização que estabelecem as regras, que estruturam um "saber" que aprova ou reprova, valoriza ou desvaloriza suas escolhas e decisões. Assim como é apontado por Foucault em História da Sexualidade:

> tratava-se de ver de que maneira, nas sociedades ocidentais modernas, constitui-se uma experiência tal, que indivíduos são levados a reconhecer-se como

sujeitos de uma sexualidade que abre para campos de conhecimentos bastante diversos, e que se articula num sistema de regras e coerções. O projeto era, portanto, o de uma história da sexualidade enquanto experiência- se entendemos por experiência a correlação, numa cultura, entre campos de saber, tipos de normatividade e formas de subjetividade. (FOUCAULT,1988)

Valorizando as experiências concretas

Na ação pedagógica compreendida como construção coletiva, a experiência do dia a dia do educando – a princípio sem importância e lugar comum – é reconhecida também como fonte de conhecimento válido. A atitude pedagógica de escutar a experiência do outro é imprescindível no processo de formação da identidade do grupo, considerando-se que é no confronto das diferentes experiências de vida que as pessoas conseguem perceber onde elas se assemelham e onde são diferentes. Jadir Pessoa nos fala de uma sociologia da vida cotidiana e insiste na possibilidade de uma síntese entre o micro e o macroestrutural na abordagem das experiências dos sujeitos, afirmando:

> por mais "insubstancial" que alguém possa parecer, jamais viverá somente na cotidianidade; nunca fora dela; jamais somente nela (HELER, 1992, p. 18). A vida cotidiana é a vida do indivíduo e o indivíduo é, ao mesmo tempo, ser particular e ser genérico, logo um "humano genérico" [...] A vida cotidiana não está fora da história, mas no centro do acontecer histórico: é a verdadeira essência da substância social. (PESSOA, 1997)

A unidade do grupo dependerá da capacidade das pessoas em conviver com aquilo que as aproxima e/ou as distancia. Esse exercício de compartilhar as experiências do cotidiano é de fundamental importância para aqueles que estão vivendo a "crise da identidade" e suas consequências. Uma dessas consequências é a angústia, que resulta da ideia de que a dor do crescimento é uma particularidade do seu processo pessoal e que deverá ser suportada silenciosamente. Assegurar oportunidades e diversificar as estratégias para essa troca de experiências e histórias do cotidiano de cada um favorece a superação do isolamento e permite a identificação com o grupo além de amenizar a tensão que marca o processo de adolescer no interior de determinada cultura.

Referência ao contexto cultural

A leitura dos textos, dos acontecimentos e das atitudes, tanto as de resistência, como as de aceitação da nossa intervenção, bem como a compreensão em profundidade das experiências e dos resultados alcançados nos diferentes níveis de nosso trabalho, exigiu o cuidado permanente de contextualização cultural. Considerar as características próprias da cultura em construção no sertão de Goiás significou relacionar a fala, o gesto, a indisposição ou a disposição para as atividades, os sentimentos e os argumentos com a realidade camponesa que se revela entre o secular arado e o recém-chegado pivô central da agroindústria exportadora. Também implica dominar as sutilezas da linguagem, saber esperar e cultivar a paciência, na difícil construção do direito de transgressão, de informação e de formação para uma vivência plena da própria sexualidade. Propor um esforço de reflexão sistemática sobre a vivência afetiva-sexual associada ao exercício livre dos sentimentos relativos à sexualidade implica, necessariamente, a revisão dos valores já estabelecidos e a problematização da atitude de cada um frente às várias expressões da sexualidade no âmbito da cultura em que a pessoa e o grupo estão inseridos. Tal proposição é por si só uma atitude de transgressão da norma cultural que, naquele contexto, estabelece o silêncio sobre essa dimensão da vida.

O corpo: onde se encontram a razão e a emoção

No encaminhamento das ações educativas, se fez necessário buscar recursos didáticos e estratégias pedagógicas que resgatassem a unidade e o equilíbrio entre estes três elementos: *corpo, razão e emoção*. Esse resgate se torna uma exigência quando tais ações se constituem em uma intervenção no campo da sexualidade. A construção de uma vivência sexual saudável passa, necessariamente, pelas potencialidades e pelos limites do próprio corpo e do corpo do outro, pelo crivo da razão alimentado pelo conjunto de normas morais (valores) e pela força dos sentimentos muitas vezes contraditórios e ambíguos. Trata-se de um corpo em relação, pois

> para que uma pessoa se exprima enquanto corpo que realiza mais livremente seus próprios desejos, é necessário que ela cresça não em sua individualidade absoluta, mas em suas relações com os outros e com o mundo. O corpo humano não pode ser independente de suas relações. O corpo compreendido isoladamente da sociedade e da natureza é um corpo abstrato, distante da realidade concreta em que ele se faz, distante, enfim, de suas circunstâncias. (MEDINA, 1990)

Diversificando as estratégias de comunicação

Os processos educativos inerentes ao nosso contexto cultural privilegiam, sobremaneira, desde tenra idade, o domínio e o desenvolvimento do discurso falado e escrito. Esse lugar de destaque em que está colocada a palavra como instrumento de comunicação resultou na situação de *apartheid* linguístico, em que há um grupo que domina e manipula com facilidade esse instrumento e um outro grupo que se sente excluído da comunidade dos falantes. Medina, ao se referir ao corpo como suporte de signos sociais, afirma:

> a palavra tende a dividir coisas e pessoas. A consciência nos tem separado do mundo. Nosso código linguístico nos impõe limites que, em última análise, são os limites da própria cultura. A divisão é um instrumento de dominação. Nesse sentido, a fala, a linguagem, apoiadas pelo raciocínio lógico-formal, como já vimos, parece mais bloquear do que abrir perspectivas para

> a compreensão do universo como um todo. Nesse raciocínio não há lugar para as contradições, para o pensamento dinâmico, dialético. Daí a extrema dificuldade em compreendermos o real enquanto "síntese de múltiplas determinações". Talvez o mundo tornar-se-á mais compreensível quando formos todos capazes de transcender a razão formal que caracteriza o nosso pensamento convencional através da linguagem falada e escrita. (MEDINA, 1990)

A ampliação das possibilidades de expressão se colocou como um desafio para a ação educativa no contexto das "oficinas". Esse desafio é ainda maior quando se está abordando questões relativas à sexualidade. Até bem pouco tempo, o discurso do senso comum sobre o sexo ou a sexualidade na cultura brasileira era construído sob o manto da clandestinidade, retratando uma visão negativa do fenômeno sexual, pautado pelo deboche e pela vulgaridade. A fala sobre o sexo refletia toda carga de preconceito, interdição e discriminação que ainda marcam a vivência da sexualidade. Nesse sentido, é indispensável incorporar à metodologia das ações educativas em saúde e sexualidade, outros canais comunicativos como alternativa de expressão. Assim, faz-se necessário aprofundar a parceria com as artes plásticas e dramáticas, incorporando técnicas simples de desenho, escultura, dramatização etc, que, muitas vezes, cumprem com maior eficácia a tarefa de comunicar a realidade subjetiva.

Planejando com flexibilidade e abertura para o imprevisível

Como toda ação pedagógica, as ações educativas nas "oficinas" trazem também uma intencionalidade pedagógica. Assim, ela se realiza a partir de objetivos claros, previamente definidos, integrados a um planejamento minucioso que busca compatibilizar os recursos disponíveis com uma metodologia participativa e aberta, submetendo-se a diferentes estratégias de avaliação dos resultados. Paradoxalmente, o rigor do planejamento é que possibilita a flexibilidade e as alterações na condução da intervenção pedagógica, quando esta se faz necessária. É importante salientar que, nessa experiência, o planejamento flexível e aberto não foi confundido com espontaneidade, que poderia colocar em risco a qualidade do trabalho. O desafio maior foi saber discernir com rapidez, no decorrer do processo, o que merecia ser abandonado dentro do planejamento devido à incorporação de novos elementos que surgiram e que repercutiram de forma positiva no processo grupal. Essa disponibilidade para incorporar novas situações e mudanças de rumo deve ser considerada, sobretudo, na abordagem de aspectos da vivência afetiva e sexual, na qual, inevitavelmente, ocorrerá algum nível de mobilização de sentimentos e interesses.

Compartilhando responsabilidades

É verdade que a prática das ações educativas dentro de uma metodologia aberta e participativa busca, e muitas vezes consegue, romper com uma concepção tradicional da educação, centrada no professor e na transmissão de conteúdos. Um grupo formado por adolescentes provenientes da escola formal, que ainda reproduz muitos elementos dessa postura pedagógica negada nessa nova prática, poderia, a princípio, fazer uma leitura incorreta e confundir espaço de liberdade com ausência de limites. Desse modo, foi indispensável abordar com clareza, nos primeiros momentos da vida do grupo, a questão dos limites e os níveis de responsabilidade. Quanto maior o envolvimento do grupo na definição das regras de convivência, menos dificuldades haverá para equacionar seus problemas e superar suas contradições. O grupo precisa tomar consciência de que o sucesso da experiência passa pelas mãos de cada um e de todos ao mesmo tempo, firmando um pacto de corresponsabilidade pela qualidade do processo.

Constituindo um "grupo" para trabalhar com grupos

A realização das ações educativas em saúde, incorporando os elementos metodológicos acima apontados, implicou em *trabalho de equipe*. Para a execução do "Projeto Adolescer", contamos com a colaboração das acadêmicas Rosemeire Aparecida Mateus e Alessandra Cristina Rodrigues durante todo o processo, incluindo planejamento e avaliação. Para garantir uma inserção adequada nas "Oficinas", ambas participaram de treinamento metodológico e tiveram possibilidades de reciclagem teórica durante o primeiro semestre de 1994.

Avaliando e registrando o processo grupal

Na proposta pedagógica das "Oficinas", a prática da avaliação também esteve presente, mas com significado diferenciado daquela que pretende somente mensurar resultados. A avaliação é entendida como momento importante de aprendizagem e de crescimento do grupo como um todo, inclusive da equipe e dos demais agentes envolvidos no processo. A avaliação não se restringiu à verificação da quantidade de informações acumuladas, mas procurou perceber o que mudou na vida das pessoas envolvidas na vivência das "Oficinas" e a qualidade dessas mudanças. O momento da avaliação trouxe sua carga de tensão, própria das situações de exposição, mas também proporcionou a cada um dos participantes a sensação prazerosa da conquista e do crescimento.

A socialização dos resultados pedagógicos alcançados no desenvolvimento das oficinas exigiu a definição prévia das estratégias de documentação e registro. Considerando o caráter científico do Projeto em que está inserido o "Projeto Adolescer", decidimos adotar três estratégias: registro fotográfico, registro escrito e arquivo dos trabalhos realizados pelos participantes. O primeiro assegurou a memória dos movimentos do grupo, bem como o "clima" instalado em cada uma das dinâmicas nas diferentes oficinas. O registro escrito garantiu a memória das falas espontâneas dos participantes durante sua interação com os educadores, com os materiais e com eles mesmos. Dessa forma, os trabalhos se constituíram em peça fundamental para uma avaliação da intervenção em suas várias dimensões.

Preparando a intervenção na comunidade: contato institucional

Em junho/94, visitamos os profissionais e/ou autoridades responsáveis pelas escolas públicas escolhidas para a realização do Projeto Adolescer: Colégio Estadual Honestino Guimarães (CEHG), em Itaberaí; Escola Municipal Pacífico Gomes (EMPG), localizada em Mirandópolis, distrito de Mossâmedes. Nessas visitas, apresentamos o "Projeto Adolescer", avaliando a implantação do projeto nestas escolas e, a partir da concordância dos responsáveis, estabelecemos um contrato mínimo de corresponsabilidade com a escola. Em Mossâmedes, onde selecionamos o grupo da zona rural, a relação foi com a secretária municipal de educação, Prof. Maria Marques, e com a diretora da escola, Prof. Nilva Aparecida Siqueira Alves. Mais do que a permissão para entrar na escola e desenvolver o trabalho, obtivemos da Secretaria Municipal de Educação e da escola um apoio irrestrito e decisivo para o sucesso do "Projeto Adolescer" na zona rural: da infraestrutura necessária à atitude positiva de incentivar os alunos à participação responsável no processo.

Em Itaberaí, onde formamos o grupo de adolescentes da zona urbana, o contato foi com a diretora e alguns professores de maneira mais informal. Por parte da direção da escola, encontramos uma acolhida formal e sem muito entusiasmo, o que não impediu o desenvolvimento do trabalho, mas repercutiu na seleção e solidificação do grupo da zona urbana.

Divulgação e sensibilização dos adolescentes

Retornamos às escolas na primeira semana de agosto/94 para um contato direto com os adolescentes nas salas de aula. Nesses encontros com as turmas, apresentamos o "Projeto Adolescer", enfatizando os objetivos, a metodologia, a importância e a seriedade do que estávamos propondo. Nessa oportunidade, também, deixamos bastante claro os critérios e o sentido da seleção: constituir um grupo heterogêneo para realização de um trabalho pedagógico por tempo determinado, com um número reduzido de pessoas, que viabilizasse a metodologia pela qual optamos. As fichas de inscrição foram distribuídas a todos, mas só os interessados em participar deveriam preenchê-las e entregá-las à direção da escola nas 48hs seguintes.

Composição dos grupos

Da E. M. Pacífico Gomes (Mossâmedes), retornaram 33 fichas preenchidas das 50 que foram distribuídas e, do C. E. Honestino Guimarães (Itaberaí), retornaram 64 fichas preenchidas, das 100 que foram distribuídas. Para constituição dos grupos, três critérios foram observados com rigor: situação domiciliar – em Itaberaí foram excluídos os residentes na zona rural e, em Mossâmedes, só integraram o grupo os adolescentes residentes na zona rural; faixa etária – 13 a 19 anos; e sexo – buscávamos garantir um número igual de homens e mulheres em cada grupo. Após uma primeira seleção, considerando estes três critérios, passamos a buscar uma diversidade no que se refere à opção religiosa, estrutura familiar, situação ocupacional e grau de escolaridade, chegando a reunir 20 nomes em cada uma das escolas, na expectativa de um percentual de desistência.

Experimentando a "oficina": o direito de dizer não

Voltamos às escolas em meados de agosto para convocar os adolescentes selecionados e, com a participação de todos, definirmos o calendário, a carga horária, o local. Nesta oportunidade, reafirmamos os objetivos do Projeto Adolescer e o caráter de experimentação da primeira oficina, recolocando a possibilidade de desistência daqueles(as) que não se sentissem bem dentro do processo. Contudo, aqueles(as) que retornassem para a segunda oficina estariam assumindo o compromisso da continuidade até o final. Na E. M. Pacífico Gomes, cinco desistiram e, no C. E. Honestino Guimarães, treze desistiram. Nesta última, selecionamos novamente outros três adolescentes entre os excedentes da primeira seleção, sendo que dois permaneceram no trabalho, garantindo um número de nove participantes no grupo da zona urbana.

O grupo da Escola Municipal Pacífico Gomes

O grupo se constituiu de nove homens e seis mulheres, matriculados nas quatro séries da 2ª fase da Educação Fundamental – a maioria na 5ª e 6ª séries – na faixa etária de 13 a 19 anos. A maior parte do grupo estava trabalhando em atividades produtivas geradoras de renda para si ou para a família. Os católicos predominaram no grupo, os demais participavam da Igreja Batista e Assembleia de Deus. Quanto à situação familiar, encontramos apenas um órfão de pai e um adolescente filho de pais separados; os demais declararam que seus pais eram casados no civil ou civil e religioso. A idade média dos pais era de 49 anos e das mães de 39 anos. O número de filhos nas famílias era de 2 a 9 – cinco participantes declararam ter apenas um(a) irmão(ã) – revelando uma média de 4 filhos por família. Quatorze adolescentes declararam residir com suas famílias.

Consultado sobre a participação em outras atividades que abordassem temas relacionados à sexualidade, a metade do grupo respondeu positivamente. Doze adolescentes consideraram muito importante ter alguém para falar sobre estes temas e quatro declararam não ter ninguém com quem esclarecer dúvidas, partilhar sentimentos e experiências. Mais da metade do grupo estava tendo ou já teve experiência de namoro. Desde o primeiro contato, o grupo se mostrou muito atento e interessado nas diferentes atividades propostas, não se registrando ausências em nenhum momento das Oficinas.

O grupo do Colégio Estadual Honestino Guimarães

Esse grupo reuniu quatro homens e cinco mulheres na faixa etária de 14 a 19 anos – a maioria entre 18 e 19 anos – que estavam cursando 1º ou 2º ano do Ensino Médio. O grupo teve a participação de uma adolescente casada. Cinco participantes do grupo estavam inseridos no mercado de trabalho, em diferentes funções, e quatro declararam-se desempregados. No aspecto religioso, cinco adolescentes eram católicos, os demais eram evangélicos ou indiferentes. Quanto à situação familiar, encontramos a idade média dos pais em torno de 45 anos e das mães em torno de 41 anos. A metade desses pais está regularmente casada no civil e/ou religioso e a outra metade declarou: separação, viuvez, união consensual ou pai desconhecido. A prole dessas famílias varia de um a quatro filhos, revelando uma média de 2 filhos por família e apenas um dos participantes não residindo com sua família.

Mais da metade do grupo nunca havia tido a oportunidade de participar de atividades que abordassem os temas relativos à sexualidade e todos os participantes consideraram muito importante ter alguém com quem conversar sobre estes temas. Quatro adolescentes declararam não ter ninguém com quem pudessem partilhar os sentimentos, esclarecer dúvidas e refletir suas experiências e sete participantes estavam tendo ou já tiveram experiência de namoro. Esse grupo, apesar de menor apresentou maior dificuldade para se identificar como grupo.

II PARTE

EDUCAÇÃO E SEXUALIDADE:
RELATO DE UMA EXPERIÊNCIA

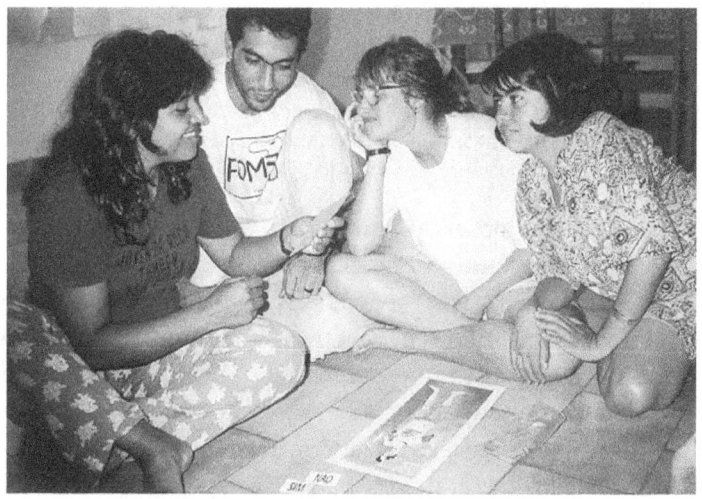

Oficinas de treinamento das assistentes para
o "Projeto Adolescer" (Itaberaí/GO)

No âmbito deste trabalho, "educação" é compreendida como processo dinâmico e abrangente, inerente ao desenvolvimento da pessoa enquanto constituição do sujeito, ou seja,

> a educação reproduz, assim, em seu plano próprio, a estrutura dinâmica e o movimento dialético do processo histórico de produção do homem. Para o homem, produzir-se é conquistar-se, conquistar sua forma humana. A pedagogia é antropologia. (FREIRE,1987, p. 13)

Há um inevitável processo de socialização no qual o indivíduo toma consciência de si e dos outros, viabilizando seu desenvolvimento pessoal e sua inserção em determinada sociedade que se concretiza através de práticas educativas diversificadas. Portanto, trata-se de uma consciência situada historicamente e enraizada no mundo, como afirma Paulo Freire:

> As consciências não se encontram no vazio de si mesmas, pois a consciência é sempre, radicalmente, consciência do mundo. (FREIRE, 1987, p. 15)

É preciso observar, entretanto, que nem toda prática educativa se constitui necessariamente em uma relação pedagógica explícita, isto é, não encerra uma intencionalidade preestabelecida; não tem objetivos e métodos claramente definidos e que possam ser submetidos a avaliação. A relação pedagógica pressupõe a explicitação da relação educador-educando no processo de aprendizagem, bem como das consequências de tal processo sobre os agentes envolvidos. Assim, como propõe Paulo Freire,

> o educador já não é o que apenas educa, mas o que, enquanto educa, é educado, em diálogo com o educando que, ao ser educado, também educa. (FREIRE, 1987, p. 68)

Em grande parte das escolas onde a relação pedagógica é assumida como inerente à natureza da instituição, a sexualidade humana permanece fora ou à margem das propostas curriculares e dos projetos educativos oficialmente explicitados e assumidos pelos dirigentes do processo pedagógico. No entanto, é um equívoco pensar que a educação sexual não esteja ocorrendo no cotidiano da escola e é oportuno indagar sobre a amplitude, a quantidade e a qualidade da educação sexual em curso naquelas escolas onde se pretende uma neutralidade. Egyto, citado por Guimarães em seu trabalho, nos diz o seguinte:

> Se a escola não está tratando do assunto, ela está transmitindo ao aluno que o sexo é um tabu, do qual não se pode falar. É algo tão individual, que cada um guarda para si e não deve comentar com os outros. Ou que é algo sem importância, não faz parte do conhecimento humano, ou, o que é pior, que é alguma coisa feia, da qual se deve envergonhar. Ainda é possível que passe a ideia de que sexualidade não faz parte da educação, é algo que se aprende na rua, com os colegas, através da revista pornográfica, do filme "pornô", ou nas zonas de prostituição. (EGYTO apud GUIMARÃES, 1995, p. 90)

O currículo não oficial, implícito, paralelo é o lugar dos afetos e da sexualidade, ou seja, o espaço conquistado daqueles conteúdos "marginais" que invadem a sala de aula através das vivências e práticas sociais de educadores e educandos. Essa impossibilidade de exclusão do cotidiano da dinâmica da ação educativa contribui e amplia o potencial de transformação do ato pedagógico:

> É importante considerar que a educação é um processo dinâmico e complexo, envolvendo muitas variáveis não controláveis. Portanto, o que se pode prever em termos comportamentais é muito pouco e pobre em relação à riqueza do que ocorre no processo educativo. A esse respeito convém ouvir Gusdorf (1987):
> [...] o ensino é sempre mais que o ensino. O ato pedagógico, em cada situação particular, ultrapassa os limites dessa situação para por em causa a existência pessoal no seu conjunto. (CASTANHO, 1989, p. 58)

A preparação dos indivíduos para o exercício da sexualidade, como homens ou como mulheres, realiza-se mais através de práticas educativas informais dentro e fora da escola, com força suficiente para dar continuidade à reprodução de padrões de comportamentos estereotipados ou para estabelecer novos códigos de conduta e de expressão da sexualidade. Gagnon aponta a complexidade dos processos que resultam em alteração ou manutenção de determinadas práticas sexuais:

> reflexões sobre as fontes contemporâneas de aprendizagem sexual sugerem que são muito complexos os processos pelos quais se adquirem e mantêm os padrões sexuais e a competição existente entre os comunicadores e as mensagens que transmitem. Temos não apenas de prestar atenção aos comunicadores e às mensagens, mas também ao problema das mudanças individuais ao longo da existência. Não podemos limitar nosso interesse apenas ao campo estritamente sexual, pois existe uma inegável evidência de que fatores próximos ao sexual (por exemplo, crenças sobre o corpo e aprendizagem dos papéis sexuais) e ao mesmo tempo distantes (como os desejos de consumo) influem sobre a nossa vida sexual. Enfim, temos de encarar o fato de que diversos componentes da conduta sexual são resultado de configurações causais bem diversas.
> (GAGNON, 1984, p. 29)

Para este trabalho escolhemos adolescentes no espaço da escola por entender a adolescência como momento estratégico para a intervenção e a escola como espaço ainda privilegiado de construção e experimentação de novas relações.

Esta compreensão da sexualidade enquanto realidade em movimento que resulta do jogo da interação social exige reconhecer que as expressões de sexualidade estão submetidas as condições históricas determinadas:

> busquemos a compreensão da Sexualidade Humana, como totalidade, isto é, enquanto natureza e enquanto cultura. A dialética entre os dois polos resulta para o indivíduo na dinâmica entre o interno e privativo e o externo e social, que tem uma dimensão pública.
> (GUIMARÃES,1995, p. 25)

Assim, considerando os pressupostos teóricos apontados, as indagações explicitadas nas páginas anteriores e compreendendo de forma mais abrangente as diferentes formas de viver a masculinidade e a feminilidade, oferecemos neste trabalho elementos para uma ação pedagógica que possibilite aos adolescentes:

a) Tomar consciência do seu processo de socialização, identificando as possibilidades e os riscos que ele encerra para uma vivência plena da sexualidade;

b) Proceder a uma avaliação crítica das representações sociais de masculino e feminino existentes em nosso contexto sociocultural;

c) Reconhecer o exercício da sexualidade como fonte (potencial) de prazer e de saúde;

d) Perceber a adolescência como momento de muitas transformações, propício à revisão dos valores, abrindo possibilidades de vivências de novas práticas também ao nível das relações interpessoais;

e) Buscar conjuntamente – homens e mulheres – novas pautas para as relações de gênero que viabilizem a superação das práticas de discriminação e a construção de um modelo mais igualitário;

Os objetivos pedagógicos acima apontados se inscrevem no âmbito das representações e práticas sociais. Isso exige pensar o ato pedagógico como processo dinâmico, criativo, centrado na experiência concreta do educando, que alcance o nível do simbólico que é manifestado no sujeito, mas é construído nas redes de relações ou nos grupos. Stengel (1996), discutindo as condições em que se desenvolvem as relações afetivas entre adolescentes de Belo Horizonte, recorre ao conceito de representação social em Moscovici para afirmar que:

> As representações sociais são como teorias que elaboramos para tentar explicar a realidade. Estas "teorias" não surgem apenas de uma construção particular do sujeito, nem de uma reprodução das ideias do grupo.

> O aspecto psicossociológico das representações sociais reside justamente aí: nas ideias que circulam no(s) grupo(s), associadas à compreensão alcançada pelos sujeitos. Assim, a representação social é a operação de outorga de sentido ao comportamento, de integração numa rede de relações em que está vinculado o seu objeto pelo aparecimento simultâneo de noções, teorias e fundos de observação que tornam essas relações estáveis e eficazes. (STENGEL, 1996, p. 5)

Muito mais que a acumulação de informações ou a simples assimilação automática de conceitos e definições, a aprendizagem sobre a sexualidade não se processa apenas no nível cognitivo, mas, sobretudo, no enfrentamento das próprias contradições, dos sentimentos e das emoções, tornando a ação pedagógica potencialmente mobilizadora de processos psicológicos intrapsíquicos. Sem propor-se enquanto prática psicoterapêutica, a abordagem do adolescente em sua dimensão afetivo-sexual poderá enriquecer o processo de maturação como pessoa e, tendo um caráter preventivo, vir a detectar sinais de processo psicopatológico em desenvolvimento ou a explicitação da necessidade de ajuda em situações particulares.

Oficina 1: A construção do grupo

Grupo da zona rural (Mirandópolis - Distrito de Mossâmedes/GO)

Grupo da zona urbana (Itaberaí/GO)

> *El grupo no nace, sino que se hace a lo largo de todo el curso. Y como tutores, debemos los medios concretos para passar del mero "agrupamiento" al grupo.*
>
> (Gutierrez e Failde)

Nessa primeira Oficina, o principal objetivo foi promover a integração das pessoas, lançando as bases para a construção do vínculo grupal que possibilitasse a cada participante o aprofundamento e a explicitação do conhecimento de si mesmo. Necessitávamos, também, ampliar a motivação do grupo para o desenvolvimento do programa, recolhendo suas expectativas e estabelecendo coletivamente nosso "contrato de trabalho".

No início dos trabalhos, os participantes foram informados de que o processo das oficinas resultaria em aprofundar-se conhecimento de si mesmo e do outro e, consequentemente, no estabelecimento e/ou fortalecimento de vínculos afetivos. Isso implicaria o esforço e o desejo de fazer esse caminho em direção a si mesmo e em direção ao outro, assim como aponta Afonso:

> Para existir, o grupo precisa sustentar uma rede de relações com base em (a) vínculos entre cada componente e o grupo e (b) vínculos interpessoais entre os participantes. Tais vínculos tem ao mesmo tempo uma natureza social – na medida em que expressam e se mantêm pela interação – e uma natureza afetiva – na medida em que expressam e se mantêm pela identificação entre os participantes e sua mútua dependência. (AFONSO, 1997, p. 4)

Essa primeira oficina teve como objetivo "quebrar o gelo" e estimular os primeiros passos dentro desse caminho. Nas demais oficinas, todos foram estimulados a se posicionar, dizendo o que pensavam e o que sentiam em relação as diferentes questões fundamentais da vivência sexual-afetiva, revelando um pouco de si, de seus valores, suas tensões e seus conflitos. Precisávamos, portanto, estabelecer uma relação de confiança, aprofundando nosso compromisso como grupo, construindo uma "cumplicidade" que garantiria o sigilo em relação ao que poderia acontecer no decorrer do trabalho. Assim, pretendíamos também estabelecer, juntos, as regras de convivência durante esses sete encontros.

Dinâmica dos cinco elementos[1]

Primeiro momento: a escolha do elemento

Os participantes foram acomodados em suas mesas individuais, dispostas em círculo e distantes o suficiente para preservar a privacidade de cada um. Aqueles que quisessem poderiam colocar-se no chão. Em seguida, as cinco palavras representativas dos cinco elementos foram postas no quadro: árvore, flor, borboleta, caminho e pedra. Os adolescentes foram motivados a escolher individualmente um dos elementos, silenciosamente.

Segundo momento: o desenho livre

Após a distribuição do material necessário (papel, lápis de cor ou giz de cera), os adolescentes eram motivados a dar forma gráfica ao elemento que escolheram, através de desenho livre, com a maior riqueza de detalhes possível. O tempo de vinte minutos, nesse momento, foi demarcado pela música instrumental apropriada para introspecção. Ao suspender-se a música, todos interromperam o trabalho no ponto em que estavam.

Terceiro momento: contemplando a criação

Oferecendo uma rápida reflexão sobre a atitude contemplativa, os adolescentes foram estimulados a "contemplar" o fruto do seu trabalho, buscando apreendê-lo em sua totalidade. Cada adolescente deveria identificar os sentimentos mobilizados por aquele esforço criativo. A experiência da contemplação se coloca, nesse contexto, como um exercício de "olhar em profundidade" para a realidade que os cerca e para si mesmo, no movimento constante entre o objetivo e o subjetivo.

---

[1] Estratégia sistematizada pela equipe de formação cristã do Colégio Marista Dom Silvério no período de 1984-1987, da qual este autor era integrante.

Quarto momento: produzindo um discurso sobre a borboleta, a árvore etc

Os participantes foram instruídos a usar o verso do papel, dividindo-o com um traço vertical em dois espaços. Em seguida, foram motivados à leitura do seu desenho e, utilizando-se de um dos espaços no verso da folha, procuraram descrever seu trabalho em suas diferentes dimensões e aspectos no estilo de texto que mais lhe agradasse.

Quinto momento: um encontro consigo mesmo

Nesse momento, os participantes foram convidados a proceder da mesma forma em relação a si mesmos: contemplarem a si próprios em todos os aspectos e dimensões. No verso da folha também registraram uma descrição de si, a mais completa possível a partir dessa contemplação.

Sexto momento: reconhecendo a diferença e a diversidade

O grupo foi convidado a ficar de pé. Os adolescentes foram reorganizados em cinco grupos, segundo os elementos que escolheram. Em cada subgrupo, os desenhos deveriam ser comparados e explorados.

Sétimo Momento: avaliando a experiência

Mantendo-se os mesmos subgrupos, assegurou-se o espaço para partilha da experiência de cada um a partir do seguinte roteiro:

a- Por que escolhi este elemento?

b- Como percebo meu desenho?

c- Como percebo a mim mesmo?

d- Como me senti no decorrer desta experiência?

Oitavo momento: o direito a diferença e o respeito à diversidade

Nesse momento, o grupo foi levado a refletir sobre a importância da diversidade e do respeito à diferença, qualquer que fosse ela, como um valor e uma regra imprescindíveis para a convivência no contexto da comunidade, sobretudo, durante o trabalho nas Oficinas.

O grupo foi alertado para a necessidade de continuar com esse esforço de autoconhecimento e de conhecimento do outro em maior profundidade. Enfatizou-se também a importância dessa atitude como imprescindível aos processos de maturação como pessoa e de construção de vivência saudável e prazerosa da sexualidade. A dinâmica foi encerrada com a formação de um "varal" onde cada adolescente afixou seu trabalho.

Jogo de palavras[2]

Primeiro momento: o poder das palavras

A dinâmica foi iniciada com uma reflexão sobre a importância das palavras e seu poder de produzir a realidade e expressar sentimentos, emoções e situações. Observou-se, também, que, no período de um dia, podemos viver situações muito distintas que são geradoras de diferentes sentimentos e sensações. A possibilidade de vivenciar uma nova experiência como pessoa ou como grupo também produz sentimentos marcados pela expectativa em relação ao novo e ao desconhecido que se aproxima. Os adolescentes foram convidados a jogar com as palavras e expressar seus sentimentos.

Segundo momento: caminhando entre palavras

Ao som de uma música instrumental, os participantes foram motivados a caminhar entre as pranchas, que continham

---

[2] Minha autoria.

diversas palavras, espalhadas pelo chão. Todos procuravam perceber o significado da cada uma delas. Ao interromper a música, todos permaneceram parados onde estavam.

Terceiro momento: identificando o sentimento

Cada um dos participantes apanhou do chão aquela palavra que correspondia ao sentimento predominante naquele momento. Quando houve coincidência na escolha de alguma palavra ou caso não houvesse a palavra que melhor significasse o sentimento identificado, as pessoas puderam escrever novamente a palavra em outra folha de papel.

Quarto momento: elaborando o sentimento

Acomodados em mesas individuais, os participantes foram orientados a pensar sobre a palavra que escolheram e as razões para tal sentimento. Enquanto elaboravam sua reflexão – ao som de uma música ambiente que favoreceu a introspecção –, davam cor ao seu sentimento, utilizando o material de desenho disponível até que a música fosse interrompida.

Quinto momento: partilhando as expectativas

Todos foram motivados a expressar com liberdade seus sentimentos e expectativas em relação ao trabalho que seria realizado. Nesse momento, o grupo foi alertado para a importância do "saber escutar" quando se quer crescer no relacionamento com o outro, lembrando-se a todos que, durante as oficinas, a atitude de escuta – do outro e de si mesmo – seria um desafio permanente.

Sexto momento: avaliando a experiência

A dinâmica foi encerrada com uma reflexão sobre os sentimentos e as expectativas predominantes, enfatizando-se esse encontro como consequência inevitável da vivência no interior das Oficinas. O grupo foi provocado a refletir, também, sobre a importância da liberdade de expressão e a necessidade de superação da timidez dentro de um trabalho construído sobre a participação individual e coletiva. Os adolescentes foram convidados a afixar suas palavras no varal.

Estabelecendo o contrato de trabalho

Os sentimentos compartilhados e as expectativas explicitadas na dinâmica anterior ofereceram as condições para uma reflexão sobre as relações interpessoais e a necessidade de regras claras para o funcionamento das Oficinas. Nessa oportunidade, foram recolocados os objetivos e a natureza do "Projeto Adolescer", os conteúdos previstos e a metodologia a ser adotada nas Oficinas.

Motivados a participar da construção deste "contrato" duas questões foram propostas para o debate coletivo:

a) Que cuidados devemos tomar para que as oficinas se realizem e os objetivos sejam alcançados?

b) Que atitudes são importantes para garantir uma boa convivência entre nós?

O resultado dos debates nos dois grupos foi sintetizado em nove pontos:

1- As oficinas serão em número de sete, tendo a última um caráter de avaliação.

2- As oficinas, enquanto atividade extraclasse, terão duração de quatro horas, frequência quinzenal e ocorrerão aos sábados pela manhã.

3- Os participantes terão o prazo de quinze dias, entre a primeira e a segunda oficinas, para amadurecerem sua adesão ao projeto. A ausência na segunda oficina será entendida como desistência.

4- Os participantes presentes à segunda oficina assumem o compromisso de assiduidade absoluta até a última oficina, para que não haja quebra de continuidade e prejuízo para todos os envolvidos.

5- Todos serão respeitados no direito de falar o que pensa e de expressar sentimentos e reações, bem como no direito de calar quando assim desejarem.

6- Ninguém poderá comentar com pessoas de fora do grupo aspectos, falas e depoimentos, sentimentos e experiências relativos à intimidade de qualquer um(a) dos(as) colegas, que tenham sido revelados no decorrer dos trabalhos (pacto de sigilo).

7- As oficinas têm caráter pedagógico, formativo e informativo e não pretendem ser um espaço de psicoterapia. A coordenação se compromete a encaminhar ao profissional adequado, aqueles(as) que manifestarem qualquer necessidade neste sentido.

8- O "Projeto Adolescer" se constitui de um conjunto de ações educativas no campo da sexualidade, compreendendo a Educação Sexual como um esforço pedagógico que objetiva: a) transmitir informações corretas relativas às várias dimensões da vivência sexual humana; b) colocar em discussão mitos e tabus de qualquer natureza que distorçam as finalidades e/ou dificultem as expressões da sexualidade; c) desenvolver uma atitude positiva e respeitosa frente à própria sexualidade e à sexualidade do outro.

9- O "Projeto Adolescer" tem como objetivo, também, obter informações dos participantes sobre o que pensam a respeito do sexo e como expressam a sua sexualidade em seus diferentes contextos culturais.

Avaliando os resultados

O envolvimento dos adolescentes da zona rural e da zona urbana nessa primeira oficina superou as expectativas, sobretudo, se considerarmos o fato de que estávamos no primeiro encontro com o grupo, quando seria normal a resistência de cada participante em expor-se. Isso nos leva a pensar que o processo de seleção e as próprias dinâmicas que constituem a oficina favoreceram a "relação de confiança", elemento básico da metodologia empregada neste estudo.

A leitura cuidadosa do conjunto dos textos produzidos pelos adolescentes da zona rural – descrições dos próprios trabalhos – revela ideias ou sentimentos que se repetem e estão presentes entre homens e mulheres: alegria(11), estar em relação (9); beleza (8); felicidade/estar de bem com a vida (4); amor (4); tristeza (4); relação com a natureza (3); esperança (3); solidão (3) e amizade (2).

Entre os adolescentes da zona urbana encontramos: beleza(7); alegria(5); amor(4); carinho(2); timidez(2); tristeza(2); felicidade(2); paz; medo; vida; perda/insegurança; preguiça; inteligência; aguerrida/persistência; solidariedade; dificuldades; solidão; acolhimento; morte; transformação; desprezo; utilidade;

No entanto, é interessante perceber os sentimentos e as ideias que são encontradas exclusivamente entre os homens: instabilidade, insegurança, prazer, força, firmeza, acolhimento, defensiva, sofrimento/dor, simplicidade e generosidade; transformação; inteligência; solidão; desprezo; morte; utilidade; ou exclusivamente entre as mulheres: delicadeza, vaidade, carinho, medo; dedicação e paz. Os dois conjuntos apontam para a força da condição de gênero a que ambos os grupos estão submetidos pelo contexto cultural; temática prevista para a quarta "Oficina".

Na primeira dinâmica realizada na zona rural, quinze adolescentes elegeram a "flor" para sua expressão, outros cinco adolescentes escolheram "árvore" e apenas um desenhou o "caminho". Na zona urbana, quatro adolescentes escolheram a "flor", outros quatro desenharam o "caminho", três elegeram a "borboleta", uma preferiu a "árvore" e outro a "pedra".

O aparecimento de muitas "flores" e "borboletas" entre adolescentes masculinos, aparentemente, poderá ser percebido como sinal significativo de que algo diferente está ocorrendo com este grupo, sobretudo, se considerarmos o contexto cultural em que os adolescentes estão inseridos. A identificação desses elementos da natureza com a figura feminina é mais do que comum, assim como é muito comum denominar os adolescentes ou pré-adolescentes masculinos que revelam traços de feminilidade em sua conduta de "florzinha".

Contudo, é importante observar que, na descrição elaborada pelos adolescentes masculinos, vamos encontrar declarações como:

> "tem duas folhas verdes, cheia de esperança, *seu caule tem muita firmesa para defender de todos os invasores.*"
> (Mirandópolis, M., 15anos)[3]

Percebe-se um esforço de masculinizar a "flor" cujo caule é farto de espinhos. Em outros trabalhos, vamos encontrar a fala do homem sedutor que se utiliza da "flor" para simbolizar seu objeto de desejo:

> "Ésta flor e conhecida como rosa *vermelha* ela é *aredondada* e tem algumas folhas em volta dela. Todos gostam de *dar flores para meninas* por que elas são *aperfumadas e linda como a flor* do oriente e a natureza."
> (Mirandópolis, M., 19 anos)

> "A minha *flor é rosa* com um *butão no meio preto* e com caule verde com uma folha verde em seu caule tambem tei espinhos e *ela deixou uma petala da flor cair. A minha flor é igual o amor bonito mais cuidado para não machucar nos espinhos* porque se não você pode *deixar cair uma ou mais lagrimas de sua face.*"
> (Mirandópolis, M., 15 anos)

---

[3] Os textos entre aspas são transcrições literais das falas ou de textos produzidos pelos adolescentes participantes das oficinas (O grifo em itálico é meu). Preserva-se sua forma original por considerar que a escrita revela o estágio de organização do pensamento, bem como os sentimentos mobilizados pelo conteúdo abordado.

M., 15 anos, Mirandópolis

Nos discursos sobre as borboletas, é possível identificar a força da cultura que exige o melhor desempenho do homem:

> "Esta é uma borboleta meio preguiçosa mas porem *muito inteligente, sabe conquistar as pessoas com facilidade,* é bonita. Já tem 6 meses de vida tempo o suficiente para aprender as maudades da vida." (Itaberaí, M.)

O custo do processo da socialização masculina também pode ser percebido nesta fala:

> "Este desenho demonstra uma borboleta que *conseguiu escapar,* mas ficou *marcada para sempre* porque perdeu parte de suas asas..". (Itaberaí, M., 18 anos)

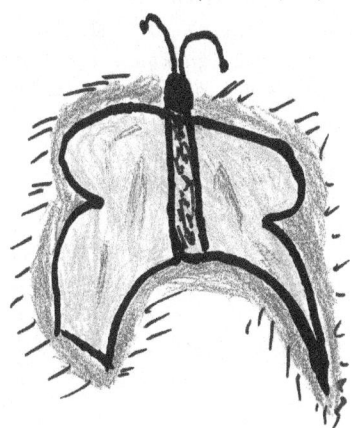

"Uma pedra e seus orifícios e suas rachaduras que demonstram várias transformações, que persiste em manter-se imovel mas, o que todos nem imaginam é que a pedra poderá ser útil futuramente poreém a desprezam." (Itaberaí, M., 16 anos)

Na leitura dos textos em que os adolescentes da zona rural descrevem a si mesmos, identificamos a presença de três categorias para a explicitação da sua identidade: *atributos físicos, atividades de preferência* e *qualidades subjetivas*. A prioridade que é dada – no contexto do discurso adolescente sobre si mesmo – às características físicas confirmam a importância das transformações corporais em curso e a centralidade desta experiência na percepção de si mesmo:

"Eu sou uma pessoa nem baíxa e nem alta, tenho meus cabelos castanho, meus olhos são castanhos, meu narís é medío, tenho o rosto meio cheio, meios dentes de médio porte..." (Mirandópolis, M., 15 anos)

O exercício de elaboração e comunicação da autoimagem foi assumido pelos adolescentes com muita ambiguidade. Por um lado, um certo prazer narcísico de encantamento com a própria imagem e, por outro, a dor de reconhecer-se como algo ainda indefinido, em processo movido por forças que fogem ao seu controle. A importância da autoimagem para o conceito de si mesmo é assinalada por Gutierrez e Failde:

Así pues, la imagen que el niño tiene de sí es primero una IMAGEN CORPORAL, destinta de su madre: de algún modo, los sentimientos que el niño tiene acerca de sí mismo dependerán en parte de los sentimientos que respecto de su cuerpo. Certas investigaciones señalam que las personas que tienen dificultades con su cuerpo no se aceptan tampoco como YO total. En este sentido, el autoconcepto corporal puede condicionar el autoconcepto total del individuo.

Si la imegen corporal es importante siempre, por cuanto la primera impresión que tenemos de los otros es a través de su apariencia física – aún antes de que hablen –, lo es más durante la adolescencia." (GUTIERREZ & FAILDE, 1991, p. 129)

Entre as atividades de preferência dos adolescentes, encontramos o seguinte: trabalhar (9), estudar (9), dormir (6), estar com os amigos (4), nadar(4), dançar(3), "festar"(3), brincar (3), andar à cavalo (3), ouvir música(2), lugares calmos (2), comer (1), livros (1) e conhecer pessoas novas (1).

Aqui, o discurso adolescente revela dois elementos importantes. O primeiro se refere ao fato de se solicitar das pessoas uma descrição de si mesmas e elas lhe apresentarem uma lista de preferências e coisas que gostam de fazer. É a construção da identidade pela ação no mundo: "Nós somos nossas ações, nós nos fazemos pela prática" (CIAMPA, 1994). Isso nos dá a dimensão da importância que tem o "fazer cotidiano" para estas pessoas, isto é, falar de si é falar das coisas que fazem, que fazem com prazer. O segundo diz respeito ao lugar especial ocupado pela escola e pelo trabalho na vida desses adolescentes. Esse esforço de tomar consciência de si mesmo implica transitar em diferentes planos da própria existência, como nos explica Afonso:

> De fato, o ser humano individual é, ao mesmo tempo, sujeito e objeto de sua consciência. Na medida em que é capaz de se ver como objeto para si é que alguém pode dizer-se dotado de uma consciência. Por usa vez, a capacidade de se ver como objeto para si, a formação da consciência, depende da capacidade de se pensar em um processo de comunicação. Assim, a estrutura social é anterior ao indivíduo, não como uma realidade que o nega mas como um "outro", sendo a relação pessoa e sociedade uma relação de auteridade. O grupo social é "o outro generalizado". (AFONSO, 1997, p. 6)

Os depoimentos coletados durante a oficina confirmam e ilustram os dados quantitativos da pesquisa, sendo que alguns oferecem uma ideia bastante próxima do que significa para o adolescente trabalhar e estudar na zona rural:

> "Sou um jovem que gosto de trabalhar não escolho serviço nenhum por que moro em uma chácara." (Mirandópolis, M., 19 anos)

"Gosto muito de estudar quero que chegue noventa e cinco logo para eu passar de ano se Deus me ajudar, para eu fazer o primeiro ano do segundo grau logo e assim vai indo até formar e arrumar um emprego." (Mirandópolis, M., 16 anos)

"Eu gosto de vir aqui para estudar porque agente sofre um pouco mais vale a pena porque estudar é tão maravilhoso a gente aprende coisas que ninguem pode tirar da gente [...]" (Mirandópolis, F., 13 anos)

No que se refere às características subjetivas, obtivemos menos informações do que o esperado. As características que se repetem entre homens e mulheres são três: feliz, alegre e organizada(o). E, somente entre as mulheres, que escreveram muito mais do que os homens nesse aspecto, encontramos: brincalhona, triste, tímida, pensativa, indecisa, rancorosa, sensível, simples, meiga e calma.

Durante a apresentação dos trabalhos na "roda do grupo", foi possível registrar algumas falas espontâneas que complementam os textos e os desenhos, confirmando a qualidade do grupo e possibilitando identificar alguns participantes com grande potencial, os quais acabaram por se destacar no decorrer do trabalho. Por exemplo, o único adolescente a desenhar o "caminho", refletindo sobre sua opção, dizia:

"A vida é um caminho. Um momento para um lado, outro por outro. Curvas... Pensei só no caminho. Curva Brava! Muita poeira. Caminho que ando nela." (Mirandópolis, M., 16 anos)

É interessante notar que a maior parte dos alunos dessa escola, assim como esse último citado, percorre diariamente, até mais de duas horas, em carroceria, animal ou bicicleta, estradas vicinais sem pavimentação, para frequentar a escola. Merece consideração, também, o fato de que a maioria destes adolescentes integra famílias sem terra em constante movimentação dentro da região no esforço de garantir a sobrevivência. Nesse sentido, "vida" e "caminho/estrada" se confundem para quem está submetido às condições de vida da zona rural de Goiás.

Diferentemente do grupo da zona rural, só três adolescentes da zona urbana fizeram algumas referências aos seus *atributos físicos* quando da descrição de si mesmos. O mesmo se observa em relação às "atividades de preferência" que são apontadas apenas em dois trabalhos.

Nesse grupo urbano, falar de si mesmo é falar de suas "qualidades subjetivas" e de seus "sonhos", "desejos" e "conflitos":

> "Sou um rapaz como a sociedade exige. Com defeitos e qualidades, sou extremamente tímido e estou descobrindo a alegria de ser adolescente com uma diferença, contudo sou feliz. As vezes preciso ser duro, incensível, frio e calculista, mas isto é superficial. Sinto-me emotivo." (Itaberaí, M., 16 anos)
>
> "Sou um rapaz que tem apenas 16 anos mas sou muito vivido."
>
> "Trabalho desde 8 anos de idade nunca tive muito tempo para a infância. Mas não me arrependo de nada porque hoje sei o que é viver; como é difícil a vida." (Itaberaí, M., 16 anos)

A segunda dinâmica (Jogo de Palavras) foi assumida pelos adolescentes da zona rural com o mesmo empenho verificado na anterior. A seguir, apresentamos os sentimentos/sensações declarados pelos adolescentes nessa primeira oficina. Entre as adolescentes, encontramos o seguinte: surpresa, segurança, saudade, infeliz, animação, alegria, infeliz, felicidade, dúvida, carinho. E, entre os adolescentes: surpresa, confiança, relaxamento, surpresa, amor, vida, surpresa, preocupação, felicidade, animação.

No conjunto do grupo, onze adolescentes expressaram sentimentos positivos. Outros seis manifestaram alguma apreensão em relação a experiência nova que estavam iniciando e somente dois apresentaram sentimentos negativos. Dentre as palavras oferecidas pelo jogo, a "surpresa" foi a que mais se repetiu, demonstrando que o grupo vivia a expectativa de uma experiência diferente. Vejamos algumas declarações durante a apresentação das palavras:

> **Amor**: parece comigo; tem tudo haver com quase todas as outras palavras.
> **Surpresa**: gosto de receber surpresas; espero muita surpresa neste encontro, conhecer profundamente eu mesmo e os colegas.
> **Alegre**: sou muito alegre. Espero que dê certo, animado. Acho muito importante.
> **Vida**: tem a haver com todos nós. Está muito bom. Nem pensava em ser selecionado.
> **Preocupação**: fico preocupado com o povo botando fogo na serra: onde vamos buscar cajú? Espero aprender muito e poder contar aos outros colegas lá fora.

Entre os adolescentes do grupo de Itaberaí (Z.U.), as palavras escolhidas traduziam com mais frequência os sentimentos relativos aos processos pessoais vivenciados naquele momento. Os sentimentos expressados foram positivos, até mesmo quando a possibilidade da morte foi abordada por um dos adolescentes presentes. Vejamos as palavras escolhidas pelas adolescentes:

> "**Felicidade:** é uma palavra que diz muito prá mim hoje.
> **Animação**: não gosto de ficar triste. Se fico, não compartilho com ninguém.
> **Dúvida**: não sei se vou alcançar meu objetivo de ser advogada. Está difícil...
> **Saudade**: sempre me acompanha e jamais se extinguiu.
> **Tranquilidade**: sou muito tranquila. Verde e amarelo porque são cores leves."

CONFIANÇA

M. 18 anos, Mirandopólis

DESAFIO

M. 16 anos, Itaberaí

FELICIDADE

F. 18 anos, Itaberaí

ANIMAÇÃO

F. 15 anos, Itaberaí

Produto final da Dinâmica Jogo de palavras

Entre os adolescentes, as palavras escolhidas foram as seguintes:

> "**Desafio**: essa fase da vida é um desafio.
>
> **Confiança**: tem confiança em tudo que faz, pensa muito antes de fazer algo.
>
> **Satisfeito**: sempre a mesma rotina, deveria ter escolhido acomodado, sou muito acomodado.
>
> **Morte**: onde estamos, a morte nos acompanha. Vivemos este medo da morte e acho que a morte é a vida. Podemos conformar com a morte e acreditar na vida após a morte. Estou pronto para morrer a qualquer momento, não corro da morte. Desenhei com muitas cores, alegre, porque acho que a morte não é tristeza.
>
> **Desafio**: estou passando um desafio nesta fase da vida que vou ter que vencer. Tenho vontade e é um desafio continuar no grupo.
>
> **Impressão**: estou impressionado por estar aqui; não pensava que podia estar aqui.
>
> **Satisfação**: acho que ninguém é satisfeito, sempre falta algo."

A utilização do Jogo de Palavras na primeira oficina revelou-se estratégia adequada para preparar o grupo para discutir seu "contrato", ou seja, as regras de convivência que deveriam ser assumidas por todos no decorrer das vivências dentro das oficinas e nas relações do grupo com a comunidade.

A explicitação de desejos e interesses possibilita a identificação dos interesses comuns que estarão na base do vínculo grupal cuja construção se inicia nesse momento de acolhida. Os desejos e interesses de cada um, compartilhados no grupo e com o grupo, são como os "fios" da teia de relações que se traça no cotidiano da convivência do grupo. Precisamente, a qualidade dessa teia enquanto rede de vínculos fundamentais dentro do grupo é que determina o grau de abertura dos participantes para a incorporação de novos conhecimentos ou novas informações, bem como para a experimentação de novos padrões de relacionamento interpessoal em suas diversas modalidades.

> Embora os pequenos grupos precisem de pelo menos um interesse explícito e reconhecido por todos os participantes, podem existir, no grupo, outros interesses, explícitos e/ou implícitos, conscientes e/ou inconscientes.
>
> O trabalho com grupos envolve assim uma análise dos mecanismos e conteúdos inconscientes dos participantes na sua relação com o grupo como um todo e entre si. Para tal, um dos focos do trabalho será a comunicação do sujeito consigo mesmo, o que equivale a dizer, ampliar a sua compreensão de suas relações no cotidiano, tornando conscientes processos e conteúdos inconscientes. (AFONSO, 1997, p. 4 e 7)

Nessa primeira "Oficina", os grupos deram os primeiros passos significativos na construção da teia no esforço de pensar-se nessa troca de olhares, sorrisos, gestos, toques, vivências, fatos, sonhos, desejos, histórias, projetos, medos inseguranças, entre outros tantos elementos que constituem a subjetividade.

A segunda "Oficina" oferece aos adolescentes a possibilidade de um encontro com o próprio corpo, redescobrindo suas possibilidades de comunicação e permitindo um mapeamento das representações sociais de corpo que permeiam o imaginário social do grupo. Ressignificar esse corpo e suas relações com outros corpos, e com o mundo, é indispensável na construção da teia, bem como na sustentação de um jeito diferente de exercer a sexualidade como homem ou como mulher.

Oficina 2: **Corpo: a experiência da razão e do afeto**

Jovem modelando a figura humana em argila (Itaberaí/GO)

Modelagem em argila (Mossâmedes/GO)

O corpo é o inconsciente visível", afirmava Wilhelm Reich. É o nosso texto mais concreto, nossa mensagem mais primordial, a escritura de argila que somos. É também o templo onde corpos mais sutis se abrigam.
(Jean-Yves Leloup)

O corpo é uma grande razão, uma multiplicidade dotada dum sentido único, uma guerra e uma paz, um rebanho e um pastor. [...] Há mais razão no teu corpo do que na tua sabedoria.
(Nietzsche)

O esforço pessoal e de grupo em compreender melhor a sexualidade humana implica necessariamente ampliar e aprofundar o conhecimento do próprio corpo, bem como compreender a relação que estabelecemos com o corpo e com o corpo do outro. O corpo é a base sobre a qual nos construímos como homens e como mulheres, é a base da nossa existência que viabiliza nossa presença na história, no tempo e no espaço. Mais do que ter, somos corpo e sendo corpo é que nos integramos à sociedade e através de diversificado sistema de sentidos comunicamos nossa totalidade enquanto pessoa aos outros. A expressão da afetividade e a realização das várias funções da sexualidade em qualquer contexto social, histórico e cultural se dá no corpo, com o corpo e a partir do corpo. As dinâmicas enquanto estratégia de interlocução com a própria subjetividade e com os outros permitiram também uma visualização do cotidiano de cada um e do grupo. A consciência corporal não é produto apenas da percepção individual de si mesmo e dos sentimentos decorrentes da relação estabelecida com o próprio corpo. Afonso aponta o socio-interacionismo de Vygotsky e Bakhtin para entender essa experiência de "coconstrução do mundo" do qual faz parte o corpo, explicando:

> De fato, a inteligência (a consciência, as representações etc) não é apenas uma qualidade individual mas é um processo relacional entre indivíduos, construindo e organizando suas ações no meio social. Tanto a forma como se problematiza o mundo quanto o tipo de respostas que se procura dar aos problemas formulados têm seu fundamento, abertura e limite na linguagem (social) e nas formas que a sociedade e a cultura apresentam para pensar o mundo. Há uma interação entre o desenvolvimento cognitivo e o desenvolvimento social, incluindo processos afetivos e emocionais. O vínculo social é estruturante do psiquismo e suas realizações. No grupo, há conflitos entre indivíduos mas também cooperação, promovendo assim a coconstrução da inteligência e da compreensão do mundo. Portanto, a consciência é parte importante da relação de coconstrução do mundo e não apenas uma "defesa" ou "racionalização" desse mundo. (AFONSO, 1997, p. 8)

Na escolha das dinâmicas que constituem essa Oficina, tivemos o cuidado de propiciar diferentes possibilidades de comunicação da experiência de corpo que cada um realiza durante sua existência.

Dinâmica da Memória Coletiva[1]

Primeiro momento: resgatando a primeira Oficina

Os participantes foram motivados a recordar os objetivos, as atividades e os conteúdos trabalhados na oficina anterior.

Segundo momento: marcando a memória

Cada um dos participantes foi estimulado a escrever no quadro uma palavra que se relacionasse com algo importante que ocorreu durante a oficina anterior. A dinâmica foi encerrada com os educadores complementando o processo de recapitulação.

"Relógio da Vida": ir ao encontro do cotidiano de cada um[2]

Primeiro momento: recordando momentos importantes

O Grupo foi introduzido no processo através de um diálogo sobre a importância e o significado do "relógio", solicitando-se a cada um que procurasse identificar um "acontecimento" importante da sua vida, como nascimento, primeira viagem etc...

Segundo momento: registrando o cotidiano

Os adolescentes foram convidados a montar o "Relógio da Vida", identificando os principais horários do seu cotidiano.

---

[1] Minha autoria.

[2] Minha autoria.

Traçando diversos ponteiros, cada um deveria delimitar os vários períodos das diferentes atividades que constituem a rotina diária.

Terceiro momento: identificando os sentimentos

Para cada espaço delimitado pelos ponteiros, foi dada uma cor que expressasse o sentimento – a sensação – predominante em relação àquele momento: tranquilidade, tensão, expectativa, medo etc.

Quarto momento: identificando os(as) parceiros(as) do cotidiano

A construção do "relógio da vida" foi concluída com a nomeação de cada momento e a identificação das experiências mais importantes que ocorreram naquele espaço de tempo, bem como as pessoas com as quais esses momentos foram compartilhados.

Quinto momento: lendo o cotidiano

Os adolescentes foram estimulados a proceder uma leitura individualizada do "relógio de sua vida", buscando responder as seguintes questões:

a) Como tenho utilizado meu tempo no dia a dia?
b) A qual dimensão da minha vida tenho dedicado mais tempo?
c) A qual dimensão da minha vida tenho dedicado menos tempo?
d) Qual é a parte do meu corpo que está mais envolvida em cada um dos espaços de tempo do meu dia a dia?
e) No contexto do meu cotidiano, quando e como tenho cuidado do meu corpo?

Sexto momento: compartilhando o relógio

Os participantes foram motivados a compartilhar suas experiências na construção do relógio, suas respostas às questões e seus sentimentos em relação à dinâmica que foi encerrada com a apresentação de alguns elementos para a reflexão do grupo: o corpo como manifestação de vida; o corpo como espaço de prazer; o corpo como exercício de cidadania; o corpo como instrumento de comunicação.

"Nosso grupo é um corpo": as partes e o todo[3]

Primeiro momento: redescobrir o próprio corpo

Os participantes foram organizados em círculo e deitados sobre o chão. Através de uma técnica de relaxamento apropriada, os adolescentes foram conduzidos por uma "viagem pelo seu próprio corpo". Nesse exercício de relaxamento, os adolescentes foram induzidos a percorrer, através da memória, cada uma das partes do seu corpo, buscando visualizá-las e identificando os sentimentos que têm em relação a diversas partes do corpo.

Segundo momento: falando da viagem e do corpo

Após a "viagem" e com o grupo sentado no chão, o educador solicitou a identificação dos sentimentos e das sensações que cada um experimentou durante o relaxamento. Verificou-se, também, se os adolescentes foram capazes de visualizar as diferentes partes dos seus corpos e quais partes do corpo apresentaram maior grau de dificuldade para visualização.

Terceiro momento: escolhendo uma parte do corpo

Ainda no chão, cada participante identificou, dentro de um prazo de 60 segundos, uma parte do corpo que gostaria de ser, escrevendo-as em letras grandes no papel ofício. Em seguida, todos participaram da formação de um único corpo com os seus próprios corpos onde cada um representava aquela parte que gostaria de ser.

---

[3] Minha autoria.

Quinto momento: ser um corpo nas partes e no todo

Para encerrar a dinâmica, manteve-se a forma do corpo que foi possível e o grupo foi motivado a refletir sobre os seguintes pontos:

   a) Por que nos identificamos com estas partes do corpo?
   b) Quais as partes do nosso corpo que mais desprezamos? Por quê?
   c) Que partes vitais estão faltando ao corpo?
   d) Seria possível dispensar algo do nosso corpo?
   e) O corpo como uma estrutura integral que cumpre uma função sócio-histórica e cultural.

"Modelagem em argila": dando forma a figura humana[4]

Primeiro momento: trabalhando com argila

Dando continuidade ao processo desencadeado pelas dinâmicas anteriores, o educador distribuiu para cada participante uma certa quantidade de argila e propôs a cada um o exercício da criação: esculpir uma figura humana da forma como achasse melhor.

Segundo momento: contemplando sua obra

Recordando o significado mais profundo da atitude contemplativa, os participantes foram motivados a contemplar suas respectivas obras, considerando-se os seguintes aspectos:

   a) Minha obra está terminada? O que está faltando?
   b) Estou satisfeito com o que fui capaz de fazer? Por quê?
   c) O que foi mais difícil nesta tarefa?

---

[4] A modelagem em argila é largamente utilizada como recurso psicoterapêutico ou didático-pedagógico. Neste trabalho a condução do processo é de minha autoria.

d) Que sentimentos e sensações experimentei durante o trabalho?

e) Qual é o sexo da figura humana que construí?

f) Dê um nome à sua criação.

Terceiro momento

A dinâmica foi encerrada com a apresentação dos trabalhos e a partilha com o grupo dos sentimentos e das reflexões produzidas a partir das questões acima.

Avaliando os resultados

A vivência da sexualidade, em qualquer uma de suas expressões e em qualquer fase do ciclo vital, implica uma relação com o próprio corpo e com o corpo do outro, mesmo que no nível do imaginário e da fantasia. Esse corpo bioenergético, dotado de inúmeras possibilidades de sensação e comunicação, é apropriado pela cultura (MEDINA, 1990) e, no interior desta cultura, se adapta, às vezes, transgredindo as regras estabelecidas para essa relação. Desde a simples paquera descomprometida até a relação coital, há um inevitável envolvimento de todo o corpo num exercício de sensualidade e comunicação, assim como nos aponta Afonso:

> É importante mencionar que o desenvolvimento do corpo e da sexualidade constitui um problema, uma vez que a maturidade social é um processo muito mais lento e, assim, as transformações psicossexuais não são integradas aos valores culturais. Torna-se comum o reconhecimento e a exploração do próprio corpo e dos outros assim como a tentativa de estabelecer relações interpessoais erotizadas. (AFONSO, 1997)

As estratégias adotadas nessa Oficina contribuíram significativamente para o reconhecimento do corpo em transformação enquanto parte integrante da totalidade do ser e como lugar de manifestação das necessidades, dos desejos, dos sonhos, das fantasias e das potencialidades da pessoa. Os adolescentes da zona rural apresentaram uma certa dificuldade de lidar com um relógio de 24 horas, que, na verdade, altera os parâmetros de tempo. Teria sido recomendável identificar de forma destacada o "meio-dia" e a "meia-noite". Na dinâmica da vida no campo, os critérios de demarcação do tempo obedecem a outra lógica. No entanto, foi possível perceber alguns aspectos interessantes do cotidiano do grupo e da relação de cada um com o próprio corpo. O dia a dia desses adolescentes se divide, fundamentalmente, entre quatro grandes espaços: a casa, a lavoura/campo, a escola e a rua:

> "7:00 É o comesso da minha vida é o meu amanhecer das 7 horas até as 17.30 horas eu fico inrolando o dia na minha casa as veses trabalho e as veses não as 17.30 horas e o meu orario mais importante por que venho pra escola construir meu futuro e chego em casa as 24 horas e vou dormir." (Mossâmedes, M., 15 naos)
>
> "7:00 Este é o orário que levanto ou seja é exatamente a hora em que meu dia começa.
>
> 5:30 É o orario que saio para a escola que é um orario muito importante na minha vida.
>
> 22:30 também é muito importante pois é nesse orario que chego da escola e que posso descançar tranquila e pensar um pouco na minha vida." (Mossâmedes, F., 13 anos)

Para os adolescentes da zona urbana, lidar com o "relógio" de 24 horas não foi um problema. Assim como no grupo da zona rural, foi possível registrar aspectos interessantes do cotidiano adolescente no pequeno centro urbano. A "escola", a "família", o "trabalho" e a "rua" também aparecem como cenários principais onde se vivencia a adolescência. Contudo, é importante registrar que o grupo da zona urbana aponta outras esferas de convivência, ampliando as possibilidades de relações e experiências: aulas de música, experiências religiosas, atividades de lazer etc.

Entretanto, a novidade em relação ao grupo da zona rural são as muitas referências à experiência de namoro que

F., 17 anos, Itaberaí

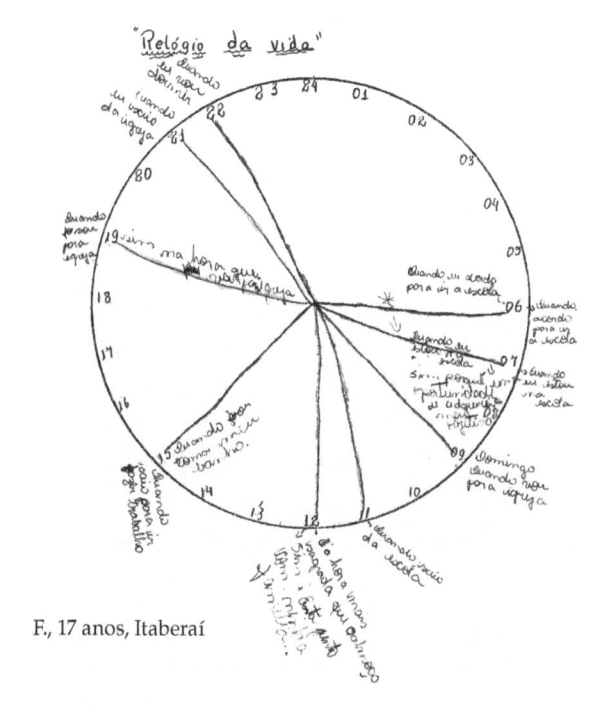

aparecem no resultado da leitura e interpretação do próprio "relógio", tanto entre *as* adolescentes (a qual dimensão da minha vida tenho dedicado menos tempo?):

> À minha casa junto com minha família e o namorado. (Itaberaí, F., 19 anos)
>
> De namorar. (Itaberaí, F., 17 anos)

como entre *os* adolescentes:

> "A dimensão da minha vida que eu tenho dedicado menos tempo e o amor." (Itaberaí, M., 18 anos)

Qual é a parte do meu corpo que está mais envolvida em cada um dos espaços de tempo do meu dia a dia?

> "No meu namoro sen duvida e o meu coracão." (Itaberaí, M., 19 anos)

No conjunto dos trabalhos da zona rural, encontramos apenas duas referências à vivência afetiva, localizando-se no âmbito das relações de amizade:

> "Hora que estou com meus amigos e amigas e meus professores." (Mossâmedes, M., 19 anos)
>
> "Das 18 as 22 horas estudo. Para mim a coisa mais importanti no momento e estudar.
>
> Das 16 as 17 eu fico pençando no meu futuro como eu vou ser.
>
> Das 14 as16 meu corpo fico em movimento cem parar, eu fico banhando no corgo com minhas amigas." (Mossâmedes, F., 13 anos)

A maior parte dos trabalhos evidencia uma visão bastante dicotomizada do corpo, na qual nunca se vivencia uma experiência de corpo inteiro e integrado, como se pode ver nestes textos:

> "07:00 corpo todo porque quando levanto e como estivece nascendo dinovo comessando uma nova vida...
>
> 07 – 17:30: os braços e as pernas porque trabalho neste horario.
>
> 17:30 – 24:00: a cabeça porque vou estudar e também para dormir e quando discanso a cabeça." (Mossâmedes, M., 15 anos)
>
> "A parte do meu corpo que mais envolvida sem dúvida é a cabeça, e os braços/mãos." (Itaberaí, F., 18 anos)
>
> "Na minha escola estou totalmente envolvido na minha comsepção seria o meu trabalho mental ou seja a minha cabeça.
>
> No meu trabalho envovolve todo meu corpo, mais ligada a parte física, braços e pernas como exemplo.
>
> No meu namoro sen duvida e o meu coracão."
>
> "É o meu almoço e o .... que tenha a minha familia e sempre uso a boca, pois a parte que dialogo com minha família." (Itaberaí, M., 19 anos)

Essa dicotomização do corpo tem suas raízes numa concepção burguesa e mercantilista da pessoa que se instala no

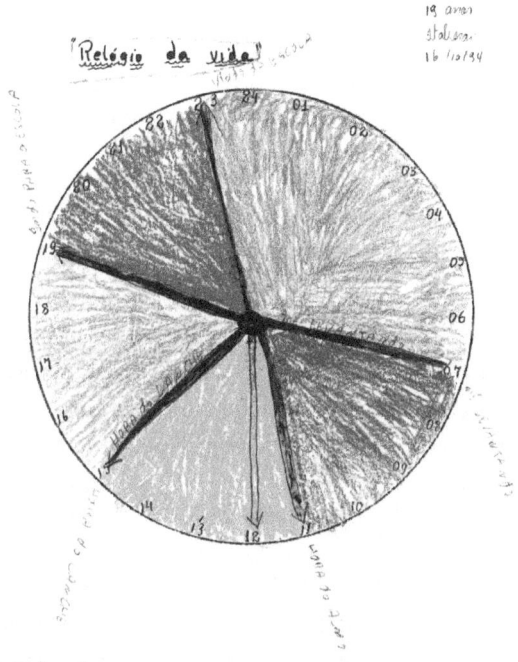

M., 19 anos, Itaberaí

ocidente com a ascensão da burguesia no final da Idade Média. Antes, o corpo, no esforço do trabalho, na dureza da guerra ou no gozo da festa, era sempre situado social e historicamente e compartilhado com todos. Com o advento da burguesia mercantilista, o corpo é submetido a novas regras:

> Na esfera exterior de sua vida seu corpo perde seu significado afetivo. Tende a ser considerado um meio, um instrumento, e até mesmo (veja-se Descartes) é comparado com uma máquina ou um autômato. A afetividade emigra pouco a pouco para uma esfera recém-criada: a esfera da vida privada... Uma ética do cálculo e da poupança tornar-se-á a base da nova moral do corpo e da vida afetiva e sexual. Para os burgueses, a sexualidade já não fará parte da globalidade do mundo que determina para cada coisa o seu lugar.

> Tornar-se-á ela o objeto de uma reflexão ligada ao valor cada vez maior atribuído ao indivíduo. Será necessário *controlar-se* para *realizar-se*. O problema central da ética burguesa será o domínio das paixões que, pela força irracional, correm o risco de ameaçar o cálculo ao qual tudo deve submeter-se. (FOUREZ, 1984, p. 11-12)

Nas referências relativas ao cuidado com o corpo, observamos que a condição de gênero é determinante para a definição de sua funcionalidade: se para o trabalho ou se para a sedução.

Entre os adolescentes, o contato e/ou cuidado com o corpo é citado no contexto das falas relativas à alimentação, à higiene e ao sono como uma conotação sanitária de prevenção das doenças e preservação de algo como instrumento de trabalho:

> ...tudo que fazemos precisamos do corpo. (M., Mossâmedes)
>
> Se não dorme fica doente. (M., Mossâmedes)
>
> Cuido do corpo alimentando. (M., Mossâmedes)
>
> Eu cuido do meu corpo todas as horas, eu cuido do meu corpo evitando fumar, beber, me drogar e me alimentar bem com muitas verduras. (Itaberaí, M., 16 anos.)

Entre as adolescentes, verificamos uma preocupação com a estética, ou seja, com sua expressão erótica:

> Geralmente aos sábados eu me cuido mais, é quando tenho tempo de passar mel no rosto, vários cremes no cabelo, agua oxigenada nas pernas. (Itaberaí, F., 18 anos)
>
> Nas horas vagas, tratando da minha pele, comendo menos para que não engorde, e minha cabeça eu cuido a todo instante refletindo... (Itaberaí, F., 15 anos).

Aspectos e áreas do próprio corpo com maior ou menor aceitação entre os adolescentes também foram verificados em nossa investigação quantitativa realizada anteriormente

(RENA, 1996).[5] A proximidade entre os dados quantitativos coletados através do *survey* e os dados qualitativos sistematizados a partir das "Oficinas" confirmam estas últimas como espaço de intervenção psicossocial e estratégia válida de investigação. No total da amostra, o "peso" aparece como a dimensão de maior dificuldade (20,5%), seguida do odor da transpiração (19%). Se, para as mulheres, o "peso" é a dificuldade maior, para os homens, é mais difícil lidar com o odor e a quantidade de suor. O suor é colocado como maior dificuldade entre adolescentes situados na faixa etária de 10 a 12 anos, enquanto o peso é apontado por adolescentes de 13 a 19 anos.

É importante observar que as dimensões corporais apontadas como as maiores dificuldades são inerentes ao próprio processo de adolescer no plano biológico. Contudo, a assimilação dessa "natureza" que se manifesta no corpo é condicionada pela necessidade de responder à expectativa da cultura que prescreve como ideal a "mulher de peso equilibrado" e um "homem asséptico". Dessa contradição, surgem muitas outras dificuldades de relação com o próprio corpo que poderão refletir em níveis mais profundos, da vivência sexual e reprodutiva. É interessante notar que, depois do peso e do cheiro do suor, aparecem "a altura", "o cabelo" e "a cor" como outras dimensões do corpo com as quais não se está satisfeito. Em seu estudo sobre publicações que abordam o cuidado com o corpo, Dos Anjos afirma que:

> Herdeiros dessa sociedade, assistimos, atônitos, hoje, a novos tipos de sujeitamentos, nem sempre localizados em arquiteturas visíveis, porém cada vez mais eficazes, talvez justamente por dispensarem qualquer explicitação de violência ou imposição. E o corpo, com certeza, é o lugar por excelência da terna dominação.[...] O corpo aceito é aquele que canaliza as suas energias para atingir um modelo predominante. A estética da

---

[5] Os dados desta pesquisa podem ser acessados no seguinte endereço: www.bireme.br/bvs/adolec/P/eletr.htm

virilidade, da magreza impõe o público feminino a seguir dietas e fazer ginásticas, tendo a cada tempo uma nova maneira de cuidar de si. (Dos Anjos, 1997)

Quanto às dimensões do corpo mais aceitas, vamos encontrar, no total da amostra, cinco respostas com frequência bem equilibrada: "a cor"; "o rosto"; "a altura"; "os cabelos" e "as pernas". Entre os homens, a altura (17%) e a cor (19%) se destacam e, entre as mulheres, o destaque é o rosto (15%) e o cabelo (19,5). O "pênis" e os "seios" são apontados por apenas 12,5% dos homens e 8% das mulheres respectivamente. Mais uma vez neste estudo, os dados apontam para a força da cultura na relação da pessoa com o próprio corpo. As dimensões destacadas estão profundamente relacionadas com o padrão estético socialmente estabelecido e são elementos importantes no jogo da sedução e da realização do desejo.

Vale ressaltar que aqueles(as) que quiseram acrescentar outras respostas ao elenco oferecido no questionário o fizeram. Entretanto, duas possibilidades são mais significativas: a primeira, de resistência a uma tendência sociocultural de supervalorização dos genitais em detrimento de outras áreas do corpo, colocando as condições necessárias para uma vivência sexual que supere o reducionismo genital da sexualidade, resgatando o que Parker (1991, p. 174) chama de "potencial erótico do corpo"; a segunda possibilidade seria a dificuldade em assumir e qualificar a relação que se estabelece com os próprios órgãos genitais, mantendo-os no plano do ilícito, do sujo, do escondido e, portanto, do intocável.

É importante assinalar como esse falar do corpo e esse corpo falante apontam para a reprodução dos papéis de gênero e as formas contrastantes de vivenciar o fato de ser masculino ou feminino. Parker, ao comentar sobre a força da linguagem como organizadora das relações de força e poder entre os gêneros, afirma:

> A linguagem do corpo na vida contemporânea brasileira desempenha assim um papel crucial na construção do gênero como um fato social, mais que estritamente

como um fato biológico. É através da linguagem que o corpo não apenas é categorizado, mas descrito e interpretado – investido de múltiplos sentidos e analisado em termos de valores diferenciais. A compreensão mais profunda dos brasileiros a respeito de si próprios como homens e como mulheres está intimamente ligada à linguagem através da qual sua cultura lhes facultou pensar em si próprios como seres providos de um corpo – e de seus corpo como objetos. (PARKER, 1991, p. 72)

A discussão dos trabalhos no grupo foi orientada para a reflexão sobre aspectos que apareceram superficialmente ou que não apareceram. Por exemplo: momentos de namoro e/ou paquera, relações familiares, importância de se tocar como forma de exploração e de conhecimento do próprio corpo etc. Refletiu-se também sobre a vivência do corpo como um todo e não como algo que se usa aos pedaços conforme determinadas tarefas cotidianas. Nesse momento da dinâmica, a participação das adolescentes foi quase nenhuma. É provável que a realização dessa última etapa da dinâmica em grupos por sexo tivesse facilitado a participação feminina.

A proposta de modelagem da figura humana em argila provocou diferentes reações nos dois grupos: da euforia ao constrangimento, do entusiasmo à indiferença. Somente uma adolescente se recusou a realizar a tarefa e um adolescente modelou a figura de um dinossauro, se dizendo incapaz de modelar uma figura humana. Ambos participaram do grupo da zona urbana.

Entre as adolescentes da zona rural, houve uma que, a princípio, se recusou a realizar a tarefa, depois de ver o trabalho acontecendo, manifestou seu desejo de modelar, mas só da cintura para cima. E, finalmente, apresentou uma figura humana completa, mas assexuada. Contudo, o envolvimento dos participantes nos dois grupos cresceu muito à medida que se colocavam as mãos no barro e pouco a pouco modelavam-se as primeiras formas.

A apreciação cuidadosa das dez peças produzidas pelos adolescentes da zona rural possibilitou-nos identificar elementos significativos na relação do adolescente com seu corpo. Em todas elas, o corpo é apresentado em forma tridimensional, bem delimitada, constituído de cabeça, tronco e membros. Outro elemento comum é a presença do conjunto formado de pescoço, olhos, boca e nariz e, em alguns, casos aparecem as orelhas. As mãos e os pés aparecem somente em dois trabalhos.

As dez figuras estão todas nuas, revelando, em nove delas, farta musculatura e órgãos genitais masculinos (testículos e pênis) volumosos e desproporcionais. É importante observar que uma das peças trazia um pênis ereto e um dos adolescentes modelou um corpo de mulher grávida e destituído de órgãos sexuais externos (mamas e vulva). Esses elementos confirmam a importância de que se reveste o pênis/falo na compreensão adolescente do próprio corpo e a deserotização e/ou dessexualização do corpo da mulher gestante. Outras duas peças produzidas por adolescentes masculinos chamam atenção: a primeira apresenta um enorme coração sobre o peito de um homem forte e viril; a segunda traz um corpo masculino nu tragando enorme cachimbo.

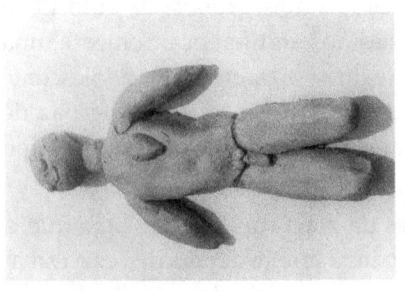

Produção em argila de adolescente masculino, 15 anos, zona rural

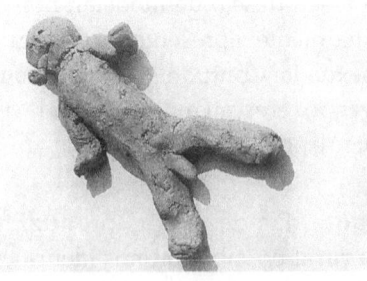

Masculino, 13 anos, zona rural

A importância do papel do pênis enquanto *falus* e dos testículos enquanto produtores do sêmen que gera a vida é apontada por Parker em seu estudo sobre a cultura sexual no Brasil. A construção da identidade masculina passa pela elaboração simbólica dessas estruturas biológicas:

> Entendido como falo e sêmen e também em relação à raiva e à violência, porra se torna uma espécie de essência da masculinidade – um símbolo de poder criativo, de potência e vida:
> *"No Brasil, quando você escutar falar realmente de um símbolo de fertilidade, as pessoas vão se referir a 'minha porra'. 'A minha porra' é positiva. 'A minha porra' é... ela dá vida.' 'A minha porra fez uma criança'. 'A minha porra, sabe, criou um novo ser.'"* (João)

Esta ênfase na potência ou criatividade, que é tão clara nas associações simbólicas de porra, liga-se finalmente ao papel representado não apenas pelo pênis, mas por toda a região genital, a virilha, como o lugar de força e vontade masculinas.

É através dessas estruturas que a realidade percebida do corpo masculino é elaborada e articulada – que o pênis é transformado em falo ou *falus*. No símbolo do falo os diversos sentidos associados com masculinidade na cultura brasileira fundem-se e se entrelaçam. Ele liga noções de virilidade e potência a conceitos de força, poder e violência em diferentes graus de entendimento consciente e inconsciente. E é na configuração semântica dessas associações no discurso cotidiano que o sentido de masculinidade no Brasil precisa ser apreendido inicialmente. (PARKER, 1991, p. 66, 67)

Masculino, 16 anos, zona rural

As adolescentes presentes no grupo da zona rural produziram seis peças com características gerais semelhantes àquelas produzidas pelos colegas do sexo masculino. A diferença fundamental está na ausência absoluta de identidade sexual e algumas figuras aparecem vestidas.

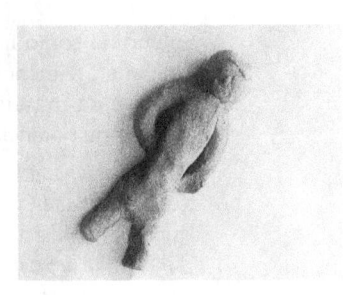

Produção em argila de adolescente do sexo feminino, 13 e 16 anos, zona rural

No momento de "colocar na roda", ou seja, de partilhar com os colegas o significado do trabalho e os sentimentos que surgiram no decorrer da atividade, houve muito constrangimento. Com muito esforço, ouvimos alguns comentários significativos que revelam a força da modelagem como técnica e como linguagem que viabiliza a construção de um discurso sobre o corpo, bem como sobre a situação social, história e cultural em que o corpo está inserido.

> "Senti vergonha quando fui desenhar o pênis." (M., Mossâmedes)
>
> "Por que as mulheres não têm seios e vagina?" (M., Mossâmedes)
>
> "Os homens falam mais do corpo, mas com brincadeira, gozação..." (M., Mossâmedes)
>
> "...bicho homem não tem vergonha é por isso que pôs o pênis..." (F., Mossâmedes)

Podemos afirmar que a expressão através da modelagem na argila se aproxima muito do que afirma Victora em relação as representações gráficas em seu estudo sobre representações do aparelho reprodutor feminino:

> ao mesmo tempo em que o corpo adquire significado na experiência social, ele próprio é um discurso a respeito da sociedade, passível de leituras diferenciadas por diferentes agentes sociais. Sua postura, sua forma, sua disposição, suas manifestações, suas sensações emitem significados, os quais são compreendidos através de uma imagem, construída também por interlocutor. Desta forma, existe, em um extremo, o corpo culturalmente modelado como uma representação e existe, no outro extremo, a leitura desta imagem do corpo. (VICTORA, 1995, p. 77)

Os adolescentes da zona urbana produziram sete peças cujas características gerais se assemelham as figuras modeladas pelo grupo da zona rural, ou seja, em todas elas, o corpo é apresentado em forma tridimensional, bem delimitada, constituído de cabeça, tronco e membros. Percebe-se, também, a presença do conjunto formado de pescoço olhos, boca e nariz, e, em alguns, aparecem as orelhas.

Masculino, 18 anos, zona urbana

Feminino, 18 anos, zona urbana

Entretanto, a diferença é evidente em dois aspectos: a maior parte das figuras estão vestidas e a identificação sexual foi assegurada por elementos da cultura como chapéu, skate, estilo de roupa etc. Das duas figuras nuas que surgiram, somente uma (a masculina) não apresentava órgãos genitais.

Feminino, 17 anos, zona urbana

Outra diferença significativa entre os dois grupos esteve no plano da verbalização sobre a vivência da experiência, tanto em quantidade como em qualidade:

> "Quando era criança fazia muita escultura de gente na areia. Mas agora... Fiz um menino no skate mostrando o físico, mostrando sua força. Ele está nú. Gostei mais ou menos de fazer." (M., Itaberaí)
>
> "Eu amei meu homenzinho. Eu escolhi uma figura masculina. Se eu pudesse escolher queria ser homem. Achei ótimo. Eu achava que eu não tinha capacidade." (F., Itaberaí)
>
> "Queria fazer uma mulher. Não consegui fazer as nádegas. Primeira vez que faço com argila a figura humana. Emocionante trabalhar com isso." (F., Itaberaí)
>
> "Fiz um homem de roupa. Eu gostei muito de fazer, foi bom mexer com barro. Voltei ao meu tempo de criança. Adulto não mexe com barro... Não me liguei que o Criador nos fez nú." (F., Itaberaí)

O envolvimento dos adolescentes durante a oficina e o produto final das atividades confirmam a importância dessa dimensão da pessoa e a pertinência desse tema no contexto de ações educativas em saúde e sexualidade, bem como o cuidado pedagógico que o tema exige na sua abordagem com grupos de adolescentes.

Para concluir a oficina, o educador problematizou alguns aspectos do trabalho, provocando a reflexão dos participantes a partir das seguintes questões:

Na zona rural:

Por que entre as modelagens *dos* adolescentes se dá tanto destaque aos órgãos genitais? Em nossa vivência sexual e afetiva, o pênis é o mais importante? E as outras partes do corpo? Elas também são importantes no envolvimento sexual/afetivo como homens?

Por que entre as modelagens *das* adolescentes, ao contrário, os órgãos genitais não apareceram? Estariam as mulheres querendo se convencer de que elas não têm sexo? As dificuldades de reconhecer o próprio sexo e assumir sua sexualidade são maiores para as mulheres?

Por que tantas dificuldades e constrangimentos para falar sobre o corpo? Conhecer o nosso corpo e o corpo do outro é importante? Estamos nos esforçando em valorizar e gostar do corpo que temos, aprendendo a conviver com ele? Por que temer a nudez? Toda nudez é pornográfica, indecente e imoral? O que é pornografia?

Na zona urbana:

Por que a maioria das figuras surgiu vestida? Quem pediu figuras vestidas? Por que evitamos a nossa nudez e a nudez do outro? Conhecer o nosso corpo e o corpo do outro é importante? Estamos nos esforçando em valorizar e gostar do corpo que temos, aprendendo a conviver com ele? O que é a nudez? Toda nudez é pornográfica, indecente e imoral? O que é pornografia?

A experiência dessa "Oficina" confirmou nossa premissa de que o grupo que se dispõe a enfrentar as questões fundamentais da sexualidade deve se deparar inicialmente com esta realidade óbvia e ao mesmo tempo desconhecida, tão próxima e tão distante, que é o corpo. Em intervenções com grupos de adolescentes, essa exigência se coloca de forma mais evidente, se considerarmos que estamos diante de alguém vivendo um processo acelerado de transformação ou de alguém que ganhou um novo corpo e não sabe muito bem se o aceita ou o rejeita. Tratar a temática do corpo no princípio da caminhada do grupo nos permitiu também resgatar o corpo da sua condição de ferramenta utilitária, reconhecendo-o como dimensão integrante do ser perpassada por todas as outras: emocional, intelectual, econômico, o social e etc. Isso implica aceitar o fato de que a identidade em movimento é permanentemente comunicada aos outros por este corpo "falante" que compartilha com o mundo o bem-estar ou denuncia o sofrimento e a dor do sujeito. Ao proporcionar diferentes possibilidades de reelaboração do corpo em transformação, as vivências nas "Oficinas" sensibilizam os adolescentes e os convidam à abertura, favorecendo a comunicação e a percepção de outras formas de vivenciar este corpo.

Oficina 3: Sexo e sexualidade: para muito além dos genitais

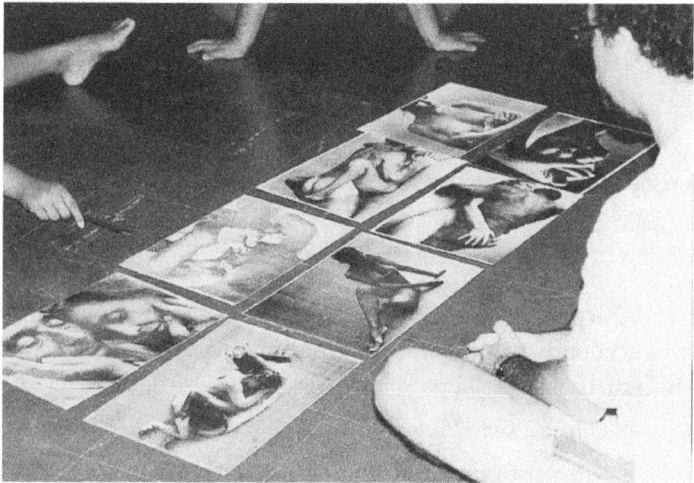

Dinâmica de fotolinguagem para compreender as funções da sexualidade

> Se plenamente consciente de sua humanidade, o homem ofende seu próximo – seja este de que sexo for – quando dele se utiliza a serviço exclusivo de sua sexualidade...O erotismo é a infinita riqueza de formas que o espírito empresta à sexualidade. O ato sexual torna-se arte. Ele e o que a ele conduz faz-se beleza.
>
> (Karl Jaspers)

O educador convidou os participantes para um relaxamento através de um exercício de respiração conduzido. Ocupando toda a sala, cada participante procurou a posição que mais lhe agradasse, deitando no chão. Durante o exercício, o tema do corpo é retomado como estratégia de recapitulação dos conteúdos abordados na oficina anterior. Diferentemente da experiência de relaxamento da Oficina anterior, aqui o grupo foi motivado a massagear cada parte do seu corpo com a própria respiração.

Meu sexo, nossa sexualidade: clarificando conceitos e expressões[1]

Primeiro momento

O educador, com base nas atitudes e nos discursos dos participantes durante as dinâmicas anteriores, colocou em discussão a possibilidade de diferentes expressões de sexualidade.

Segundo momento

Na perspectiva de uma primeira discussão de conceitos, o educador distribuiu uma folha de papel em branco e solicitou de cada um resposta para a seguinte questão:

"O que é sexo?"

A resposta deveria ser imediata, individual, espontânea e por escrito. Ninguém deveria se identificar na folha da resposta.

Terceiro momento

O educador apresentou uma segunda questão:

"O que é sexualidade?"

---

[1] Esta metodologia de abordagem dos conceitos "sexo" e "sexualidade" foi vivenciada por este autor durante o curso de especialização conduzido pela Profa. Dra. Geruza Figueiredo Neto no Instituto de Ciências da Sexualidade e Orientação Familiar - ISOF, Brasília-DF.

Quarto momento

O educador recolheu as resposta de todos, misturando-as em dois envelopes: uma para cada pergunta. Depois de recolhidas as respostas, o grupo foi dividido em dois subgrupos. Caberia a cada grupo organizar uma forma de apresentar para os demais o conceito construído a partir das respostas que viessem na caixa.

Quinto momento

A partir da apresentação dos conceitos, o grupo foi convidado a identificar as contradições; a expressar sua compreensão e sua concordância ou não com as concepções de "sexo e sexualidade" explicitadas. A intervenção do educador ocorreu no contexto desse diálogo com o grupo, oferecendo os elementos teóricos necessários à compreensão daquilo que é próprio do sexo e da sexualidade, bem como da relação que existe entre essas duas realidades.

Sexualidade: para que e por quê?
As funções básicas da sexualidade[2]

Primeiro momento

O educador iniciou o processo dialogando com o grupo sobre a razão de ser das coisas, dos sentimentos e das capacidades do ser humano. Foi enfatizado que, sobretudo na pessoa humana, cada elemento, fato ou situação tem uma justificativa para sua existência ou ocorrência. O ser humano não é resultado do acaso, mas expressão de um processo dinâmico, conduzido individual e coletivamente, submetido à diferentes forças e influências de muitas naturezas.

---

[2] Minha autoria.

Segundo momento

Em seguida, os participantes foram agrupados em duplas, formando dois círculos, assentados no chão, e cada um recebeu um envelope contendo uma fotografia.

Terceiro momento

O educador solicitou que cada um observasse atentamente as expressões do(a) parceiro(a) quando este olhasse para a fotografia e anotasse suas reações.

Quarto momento

Os integrantes do círculo interno foram autorizados a abrir seus envelopes e conhecer suas fotografias, sem informar seus conteúdos e sem mostrá-las aos respectivos parceiros.

Quinto momento

Os integrantes do círculo externo foram autorizados a repetir o mesmo procedimento.

Sexto momento

Os integrantes das duplas tiveram um tempo para conhecer a fotografia do colega e conversar sobre as reações percebidas e também sobre o que pensavam e como se posicionavam diante da situação ou vivência registrada nas fotos. A outra tarefa da dupla foi identificar a relação entre a situação/vivência e as funções básicas ou expressões da sexualidade humana.

Sétimo momento

Formou-se um círculo único para o momento de partilha, quando aqueles que quiseram apresentaram sua fotografia falaram dos seus sentimentos em relação a imagem e dos sentimentos e opiniões em relação a situação/vivência registrada na foto.

Oitavo momento

O educador encerrou o processo recolhendo, sinteticamente, as principais contribuições e enfatizando a importância do respeito à *diversidade* e ao direito das pessoas construírem seus próprios caminhos no que se refere à vivência da sexualidade. Salientou-se, também, a igual importância das três funções básicas *reprodução, comunicação/relação e prazer* no exercício saudável e pleno da sexualidade.

"Mitos e tabus na vivência da sexualidade"

Primeiro momento

O educador dividiu o grupo em dois subgrupos, segundo o sexo, para o "Jogo das Frases".

Segundo momento

Um conjunto de cinquenta tiras de papel contendo afirmações sobre sexo/sexualidade, dispostas em uma pequena caixa, foram oferecidas para discussão em cada subgrupo. Cada um dos participantes retirava, aleatoriamente, uma das tiras, procedia a leitura da afirmação em voz alta e – quando desejava – posicionava-se, concordando com as mesmas ou delas discordando, justificando suas posições. Cada um(a) anotava no verso da tira a posição assumida e guardava consigo. O processo foi encerrado com a última tira.

Terceiro momento

Os subgrupos se reuniram para partilhar suas reflexões e comparar as posições de "homens" e "mulheres" diante de cada afirmação. Cada participante trouxe consigo as afirmações que lhe couberam ler e comentar no subgrupo e que, naquele momento, foram apresentadas no grupo maior. Uma participante lia uma de suas afirmações e apresentava sua posição, além da reflexão do grupo feminino. Em seguida, um participante do grupo masculino de posse da afirmação igual se apresentava para expor sua posição e a reflexão do grupo masculino.

Quarto momento

Encerrando a dinâmica, o educador comentou os aspectos mais significativos da discussão, problematizando algumas posições fortemente marcadas pelo tabu, pelo preconceito ou pela desinformação. Coube também ao educador chamar a atenção para a força da "condição de gênero" a que ambos os grupos estão submetidos, anunciando o tema da próxima oficina: relações de gênero.

"ADOLESCÊNCIA: pessoa em crescimento"

O educador concluiu os trabalhos dessa oficina refletindo com o grupo sobre a importância da adolescência no processo de desenvolvimento da pessoa. Para motivar e direcionar a discussão, foram utilizadas as séries de diapositivas "Adolescência"/CECIP – RJ, abordando os seguintes aspectos: desenvolvimento corporal; desenvolvimento emocional, desenvolvimento sexual e desenvolvimento social. No âmbito dessa discussão, enfatizamos a importância do adolescente perceber a si mesmo como pessoa e cidadão ou cidadã: dono de seu próprio corpo; capaz de experimentar sentimentos, desejos e emoções; pronto para pensar, deter informações, discernir e optar; aberto a novas relações em diferentes esferas da convivência humana.

Avaliando os resultados: sexo e sexualidade na percepção do adolescente

A primeira dinâmica dessa oficina colocou um dilema básico para a reflexão dos participantes: a relação estreita e complexa entre as dimensões biológica, psicossocial e cultural do sujeito na vivência da sexualidade. Através das respostas oferecidas às duas questões propostas pelo educador: (O que é sexo? e O que é sexualidade?), foi possível trazer para a reflexão individual e coletiva aspectos de grande importância para a compreensão da sexualidade em suas diferentes expressões. Uma avaliação do significado dessa oficina e, sobretudo, da primeira dinâmica, exigiu uma leitura atenta e criteriosa dos textos produzidos pelos adolescentes:

Quadro 3

ADOLESCENTES FEMININAS DA ZONA URBANA		
IDADE	O QUE É SEXO?	O QUE É SEXUALIDADE?
19	Sexo é uma relação muito íntima entre dois seres humanos que exige um profundo conhecimento tanto psicológico, moral e físico.	
15	É uma relação que aproxima um ser do outro. É uma troca de carinhos, de sentimentos. É o relacionamento mais íntimo que existe entre duas pessoas que se amam. É uma coisa pura, que não deve ser feita com qualquer pessoa, eu acho que o sexo só deve ser feito a partir de que ambas as pessoas se conheçam bem, e se amem verdadeiramente, porque se não se torna simplesmente a troca de atrações físicas.	
17	Sexo eu acho que a união de duas pessoas que se amam.	É uma pessoa atraente
15	Pra mim o sexo é a relação que há entre dois (mulher e homem) apesar de termos (lésbicas e homosexual). Sexo é uma forma que se encontra para chegar ao prazer. Hoje o sexo é encarado de forma liberal, alguns fazem por fazer, outros fazem porque tem necessidades e outros fazem com amor. Termo de definir sexo masculino e sexo feminino.	Sexualidade, quer dizer ser atraente. É uma pessoa sexual. Sexualidade é palavra derivada do sexo.
18	Sexo é o modo de sentir prazer. Sexo é o que surge em um relacionamento profundo sexo é também uma maneira de gerar dinheiro sexo serve para a reprodução.	

Quadro 4

ADOLESCENTES FEMININAS DA ZONA RURAL		
IDADE	O QUE É SEXO?	O QUE É SEXUALIDADE?
14	Eu acho que o contato homens e as mulheres Não sei isatamente mas acho que é isso.	Não sei por que nunca fiz essa experiencia
13	Sexo para mim é uma relasão amorosa que pode ser estabelesido entre duas pessoas de sexo diferente. sexo é um coisa que as pessoas fazem quando se sente amor um pelas outras.	Eu não sei responder porque eu acho que sexo com sexualidade é uma coisa só.
13	Sexo é a troca de carinho, amor é uma maneira de mostrar que se amam de verdade. O sexo é uma coisa normal mas que... todas as pessoas acham que o sexo antes do casamento e uma loucura mas é cimplismente uma forma de demonstrar, de expressar o que sente	Acho que sexualidade é bem diferente de sexo. pois sexualidade quer dizer que não é a troca de amor ou carinho é apenas uma maneira de se expressar qual sexualidade de que a pessoa tem.
17	Bom eu acho que sexo e uma relação entre duas pessoas quando elas si sente uma tração amorosa o carinho faz que ela se sentir vontade de ficar com uma pessoa e conhecer ela melhor.	É quando você senti, uma tração por uma pessoa e ficar com ela
13	O sexo é uma relação que a gente tem que está preparando para se fazer.	
14	Eu acho que e um quantado (contato) de homens e mulher	Um que tranzar

Quadro 5

ADOLESCENTES MASCULINOS DA ZONA URBANA		
IDADE	O QUE É SEXO?	O QUE É SEXUALIDADE?
19	Sexo é a relação entre o ser macho (animais) homem e fêmia (mulher e animais) que envolve afeto, carinho e amor. Bem as vezes o sexo pasa a ser um sexo sujo como o com Prado, através moças que se prostituem e da mesma forma os rapazes.	sexualidade, pode ser a parte de atração a um ser de sexo diferente ou igual, e parte tavez que envolve mais a parte erotica e imaginativa o homem ser.

IDADE	O QUE É SEXO?	O QUE É SEXUALIDADE?
19	Sexo é o modo que o macho e a fêmea se relacionam e que-se passa a-se conhecer melhor. sexo e o meio que eles usan para-se reproduzir.	?
16	Prazer mutuo; definição dos seres humanos: sexo masculino ou sexo feminino.	Sexualidade é a linguagem corporal do indivíduo.
19	Sexo é quando duas pessoas se amam Sente atrasão ao encontrar seu corpo Em outro corpo	
16	Sexo para mim e uma coisa deíxada por Deus sem sexo nenguem poderia ter filho Por isso e muíto importanti coísa praseroza na nossa vida	Não sei responder
16	É uma forma de casal transarem para engravidar a mulher sem sexo não a nenhuma gravidez e nenhum filho no mundo inteiro	

Quadro 6

ADOLESCENTES MASCULINOS DA ZONA RURAL		
IDADE	O QUE É SEXO?	O QUE É SEXUALIDADE?
19	Sexo é quando duas pessoas se amam Sente atrasão ao encontrar seu corpo Em outro corpo.	
16	Sexo para mim e uma coisa deíxada por Deus sem sexo nenguem poderia ter filho Por isso e muíto importanti coísa praseroza na nossa vida	Não sei responder
16	É uma forma de casal transarem para engravidar a mulher sem sexo não a nenhuma gravidez e nenhum filho no mundo inteiro. Sexo é um praser que envolve o corpo masculino e feminino, e muitas veses e feito so por praser ou por amor e tambem por praser e amor juntos.	

IDADE	O QUE É SEXO?	O QUE É SEXUALIDADE?
15	Sexo para mím é um relacionamento, de pessoas que-se gostam que se amam, que ficam em contato mais com o corpo, como pênis e vagina.	Sexualidade para mim e uma forma de saber como e sexo.
15	O sexo para mim têm dois tipos de sexo têm o sexo que você se relaciona com uma pessoa e outro tipo do sexo masculino e do sexo feminino esse são os dois tipos de sexo.	Sexualidade para mim eu acho que é quando uma pessoa do sexo masculino e a outra do sexo feminino se relacionam um com o outro isso para mim e sexualidade.
14	É uma relação entre um homem e uma mulher e quando duas pessoas si ama e sente vontade de conhecer o corpo uns dos outros.	É o encontro de amor com duas pessoas que gosta de amar. Ok!
13	Eu acho que sexo é uma forma de vida	Sexualide é uma forma de vida e sem ela nós não eramos vivos.
18	É através dele em que o homem ou a mulher realizam por alguns momentos o desejo de se conhecer mais intimamente seus orgãos genitais. E também o amor que pode ser realizado através dele é que surge nossa vida.	É um orgão que o homem e a mulher tem mais que tem uma grande diferença entre os dois orgão.

A separação destacada dessas duas dimensões do fenômeno sexual – sexo e sexualidade – como procedimento didático, exige resgatar a unidade do fenômeno no contexto da discussão posterior, incorporando a dimensão erótica, a força da cultura, entre outros aspectos indispensáveis à compreensão mais ampla da sexualidade humana. O tratamento das duas questões em separado revelou para os grupos a diversidade de representações da sexualidade e expôs os limites de cada um no tratamento do tema. Nas respostas à questão "O que é sexo?", identificamos vinte e seis diferentes ideias ou significados associados à experiência da sexualidade, que apresentamos no quadro a seguir:

Quadro 7

SEXO É:	Tot.	M.	F.	Z.R.	Z.U.
Ideia de amor	13	6	7	8	5
Relação heterossexual	11	7	7	7	3
Ideia de prazer		5	2	4	3
Relação de intimidade e profundidade		2	4	3	3
Relação com sentimento/expressão de sentimento		2	2	2	2
Mecanismo de reprodução		4	1	3	2
Relação-contato de corpos		4	1	5	5
Exige conhecimento do outro(a)		1	2	0	3
Expressão do vocabulário para se definir macho e fêmea		2	1	1	2
Relação que aproxima/une		–	2	0	2
Relação de troca		–	2	1	1
Ideia de pureza		1	1	1	1
Ideia de atração física/desejo		1	1	1	1
Fonte de renda/objeto de comércio: prostituição feminina e masculina		1	1	1	2
Relação de macho e fêmea como no mundo animal		2	–	–	2
Relação genital/transa		2	–	2	–
Coisa normal		–	1	–	
Relação homossexual		–	1	–	1
Relação que pode ocorrer antes ou depois do casamento		–	1	1	–
Relação que exige preparação.		–	1	1	–
Ideia de sujeira		1	–	–	1
Importante		1	–	–	1
Dom de Deus		1	–	1	–
Forma de vida		1	–	1	–
Satisfação de uma necessidade		–	1	–	1

A ideia de "amor/sentimento" no âmbito do relacionamento "heterossexual", que implica um compartilhar das "intimidades", predomina claramente nas repostas à questão "O que é sexo?" em ambos os grupos. Com frequência um pouco mais baixa, mas de forma significativa, apresentam-se as ideias de "prazer", "contato de corpos" e o sexo enquanto "mecanismo de reprodução". A ideia de sexo enquanto estruturas biológicas dadas pela natureza e definidoras da condição sexual da pessoa é colocada apenas em dois momentos.

Os grupos revelaram grande dificuldade em responder à questão "O que é sexualidade?" Aqueles que responderam, retomaram as mesmas ideias apresentadas nas respostas das questões anteriores como podemos verificar no quadro 8:

Quadro 8

SEXUALIDADE É:	Tot.	M.	F.	Z.R	Z.U
Em branco	7	3	4	4	4
Não sabe	2	1	1	2	–
?	2	2	–	1	1
Ficar com alguém	2	1	1	1	–
Uma pessoa atraente	2	–	2	–	2
Sentimento de atração heterossexual	2	1	–	–	1
Relacionamento heterossexual	2	2	–	2	–
Palavra derivada de sexo	1	–	1	–	1
O mesmo que sexo	1	–	1	1	–
Maneira de expressar	1	–	1	1	–
Transar	1	–	1	1	–
Dimensão erótica; fantasias	1	1	–	–	1
Linguagem corporal	1	1	–	–	1
Forma de saber como é o sexo	1	1	–	1	–
Encontro de amor	1	1	–	1	–
Forma de vida	1	1	–	1	–
Mecanismo de reprodução	1	1	–	1	–
É o órgão que diferencia homem de mulher	1	1	–	1	–
Atração homossexual	1	1	–	–	1

A construção sociocultural da sexualidade implica, entre outras regras, a delimitação de espaços para diferentes expressões do desejo. No âmbito da cultura ocidental-cristã-judaica, estão estabelecidas – sobretudo através do código de direito civil, a "maior idade", e através das normas eclesiásticas, o "rito matrimonial" –, as condições necessárias à vivência da genitalidade. Isso significa que o exercício pleno da sexualidade é um direito do "adulto", legalmente inserido numa relação contratual civil e/ou religiosa.

Paradoxalmente, essa mesma cultura sexual implica a "transgressão" do todo ou de algumas regras que constituem esse código social de conduta. Esse "direito de transgredir", implícito nas atitudes de indivíduos, comunidades, ou setores sociais, e estrategicamente não explicitado, revela-se com formas e intensidades diferenciadas conforme o "sexo" ou o papel sexual desempenhado no interior de suas relações.

As informações oferecidas pelos adolescentes participantes de nosso estudo anterior (RENA, 1996) confirmam o quanto é oportuno o recente debate sobre o exercício da sexualidade, que inclui a capacidade de reprodução, no âmbito dos direitos do homem e da mulher. Ávila expressa muito bem o significado deste novo enfoque:

> A partir do enfoque dos direitos reprodutivos e pensando-os como parte da cidadania, as pessoas têm responsabilidades iguais e dividem tarefas solidariamente, o Estado tem que garantir benefícios para sua vivência e a racionalidade empresarial tem de compreender que homens e mulheres produzem filhos que desejam e dos quais devem se ocupar. Dessa maneira, as crianças poderão de fato ser amadas e cuidadas na vida privada, em contextos de famílias constituídas de formas diversas, que contam com o respaldo de direitos formulados e negociados na esfera pública. (ÁVILA, 1995)

Situar essa discussão no campo dos direitos significa romper com uma tradição de tratar das questões relativas a sexualidade apenas como problemas pessoais ou, no máximo, do casal. Implica reconhecer uma parcela de responsabilidade social sobre os resultados, positivos ou negativos, que incidem na vida de homens e mulheres a partir do exercício da sexualidade.

A identificação quase absoluta do exercício da sexualidade com a relação genital entre heterossexuais dificulta o reconhecimento de outras expressões da sexualidade. Se, por um lado, há muitas indicações de reducionismo genital, por outro, há várias referências a uma dimensão mais relacional e afetiva. Trabalhando com essa e outras contradições, que os grupos avançaram na compreensão da sexualidade, distinguindo suas várias dimensões e, ao mesmo tempo, percebendo a relação profunda entre elas. O que mais atraiu a atenção foi a descoberta de que, se o "sexo" já vem dado pela natureza, a sexualidade, ao contrário, é resultado da história construída por cada um e cada uma no âmbito da sua cultura, logo, é algo que ainda está em processo e pode ser alterado em parte ou na sua totalidade. A experiência se constituiu em atitude crítica importante sobre o fatalismo/determinismo natural da trajetória das pessoas, apontando a perspectiva de cada um se fazer sujeito da sua própria história. Nesse esforço nos aproximamos muito da noção de "sujeito sexual" apresentada por Vera Paiva:

> Sujeito sexual, segundo nossa definição, é o indivíduo capaz de ser agente regulador de sua vida sexual, significando na prática: a) desenvolver uma relação negociada com as normas da cultura, familiar e de grupo de pares; b) explorar (ou não) a sexualidade independentemente da iniciativa do parceiro; c) conseguir dizer não e ter esse direito respeitado; d) negociar práticas sexuais que sejam prazerosas para si, desde que aceitas pelo parceiro e consensuais; e) conseguir negociar sexo seguro; f) ter acesso aos meios materiais e serviços para efetuar escolhas reprodutivas, contraceptivas e de sexo seguro. (PAIVA, 1996, p. 216 e 217)

Sexualidade e adolescência – As oficinas como prática pedagógica

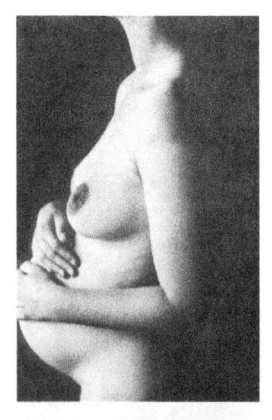

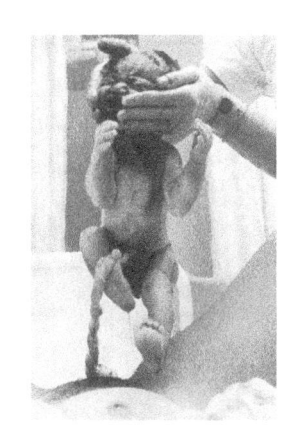

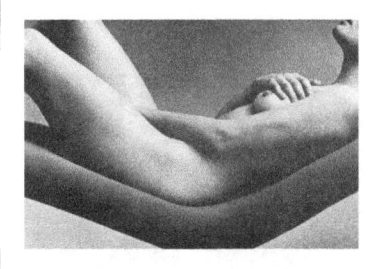

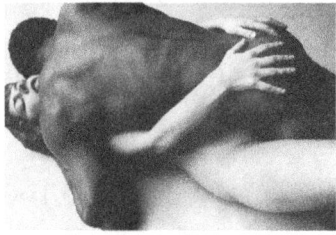

Jogo de foto-linguagem
(McBRIDE, Will. Sexualität des Menschen – Bildmappe für den Sexualkundeunterricht. Ulrich Kattmann (org.), 5.ed. Wuppertal: Jugenddienst-Verlag, 1981.)

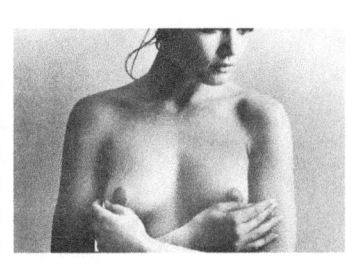

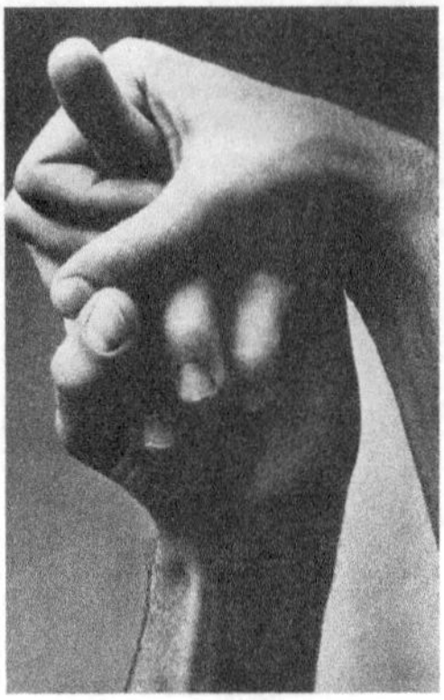

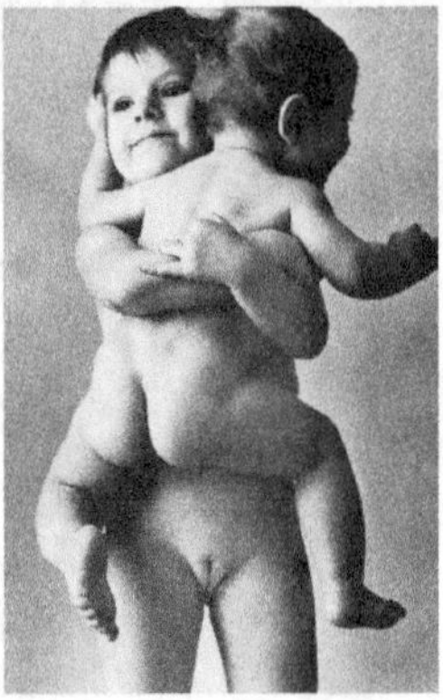

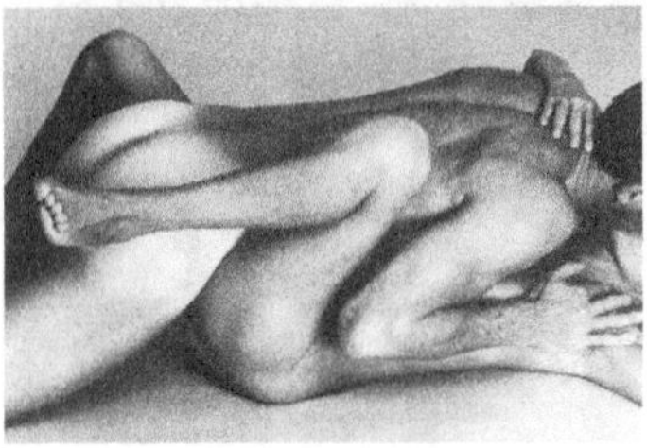

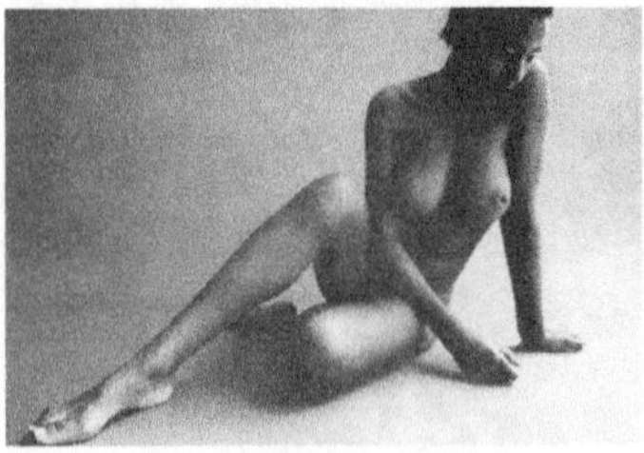

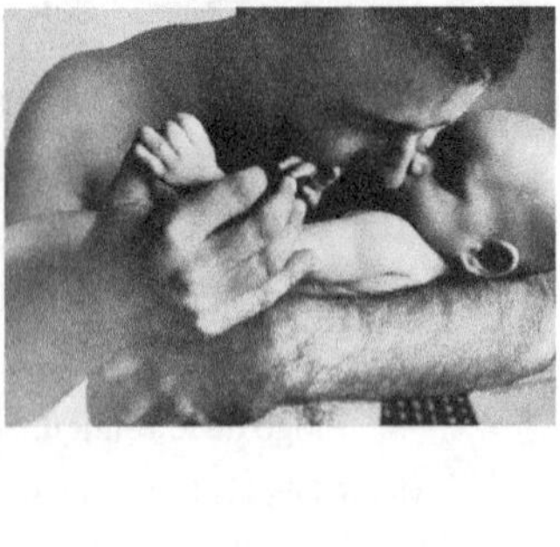

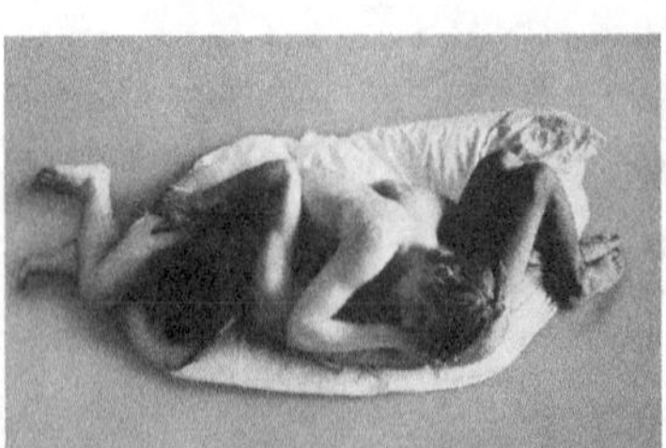

A discussão sobre as funções básicas da sexualidade em torno do Jogo de Fotolinguagem aconteceu apenas no grupo da zona urbana. A experiência confirmou o poder da imagem de mobilizar sentimentos e provocar reações. As imagens de masturbação, penetração e homossexualismo produziram as reações mais fortes de rejeição ou indignação. A intenção pedagógica era, precisamente, provocar uma explicitação de tabus e pré-conceitos e, a partir da problematização desses, ampliar a compreensão do exercício da sexualidade. A vinculação da sexualidade à reprodução e ao prazer foi imediato. A dificuldade maior esteve em apontar a possibilidade de comunicação/ partilha e afeto que se coloca no exercício da sexualidade.

Em continuidade à reflexão sobre os mitos e os tabus relacionados à sexualidade, a técnica do "Jogo das Frases"[3] foi aplicada com êxito nos dois grupos do "Projeto Adolescer". A exigência de um posicionamento frente a uma afirmação polêmica provoca reflexão. E quando se instala a contradição no interior do grupo, a busca do consenso favorece a revisão ou a reafirmação de posturas. A atividade também possibilitou uma introdução ao debate sobre as questões de gênero com uma primeira confrontação entre as perspectivas masculina e feminina frente às questões importantes no campo da vida sexual.

Jogando com as frases

---

[3] As afirmações foram extraídas, e algumas adaptadas, do livro *Sexo e juventude*, de Barroso C. e Bruschini C., Cortez, 1990.

Na avaliação da dinâmica, chamou a atenção o fato de ter sido, para os homens, a primeira oportunidade de tratar tantos temas da sexualidade – com a seriedade e profundidade que o assunto exige – num grupo exclusivamente masculino sem a necessidade de ter que provar-se homem.

> Sem falar uns com os outros sobre sentimentos e receios mais íntimos, os meninos tendem a reforçar e engrandecer ainda mais o modelo vigente. Neste sentido, as estórias masculinas são narrativas por vezes fantasiosas que buscam reconhecimento, aceitação e afirmação de quem às conta... Os meninos crescem orientados para assumir comportamentos voltados a performances intimistas, devendo para isso ser silenciosos e discretos quando falam de suas dificuldades, mas contundentes e expressivos quando falam dos méritos obtidos em conquistas amorosas e profissionais, mesmo que estes méritos sejam narrativas produzidas por suas fantasias. (NOLASCO, 1993, p. 43)

A dificuldade de iniciar o processo foi igual nos grupos de homens: da zona rural e da zona urbana. Contudo, foi surpreendente o crescimento gradativo da interação e da intensidade na comunicação, que se fez plena ao final da atividade. Vejamos como se posicionaram homens e mulheres das zonas rural e urbana.

Jogo de frases

	HOMENS		MULHERES	
	Z.R	Z.U	Z.R	Z.R
1- Se tiver uma relação sexual durante a menstruação, a mulher dificilmente engravidará.	C			
2- Uma penetração fácil, sem dor ou sangramento, é sinal de que a mulher não é virgem.				
3- Cólicas e dores menstruais nunca têm causa fisiológica.	E			
4- As mulheres perdem o interesse pela atividade sexual depois da menopausa ou após a retirada do útero.			E	E

Jogo de frases (continuação)

	HOMENS		MULHERES	
	Z.R	Z.U	Z.R	Z.R
5- Os homens que têm pênis grande são mais potentes e mais viris.				
6- É necessário um pênis grande para que a mulher tenha satisfação sexual.		E		
7- As causas mais comuns da frigidez na mulher são a educação que ela recebeu e a falta de comunicação com o parceiro.		C		
8- Quando o casal é fértil, quase sempre é a mulher a responsável.		E		E
9- Existem apenas alguns dias do mês nos quais a mulher pode engravidar.	C		C	C
10- Quando um homem faz uma operação para não ter mais filhos (vasectomia) ele, de um modo geral, nunca poderá tê-los	C	C	E	
11- É perigoso manter relações sexuais com uma mulher durante a menstruação porque o sangue menstrual contém toxinas.		NS		E
12- Durante toda a gravidez, a mulher não deve manter relações sexuais.	E	E		E
13- Para a maioria das mulheres, a estimulação do clitóris é que leva ao orgasmo.	C	C	NS	C
14- Se um homem tiver relações com uma mulher desconhecida sem camisinha, pode correr o risco de pegar sífilis.	C		C	
15- Um homem sifilítico transmite a doença para as mulheres com as quais tiver relações sexuais.			C	C
16- A prática de aborto causa muitas mortes no Brasil	C		C	C
17- Ainda não se conhecem inteiramente as causas do homossexualismo.	C			
18- A masturbação pode causar a impotência.				
19- O desejo sexual de uma mulher é tão forte quanto o de um homem.			E	C

Jogo de frases (continuação)

	HOMENS		MULHERES	
	Z.R	Z.U	Z.R	Z.R
20- Quando uma mulher faz uma operação para não ter mais filhos (ligadura de trompas), seu interesse sexual diminui		E	E	E
21- Todas as pílulas anticoncepcionais têm os mesmos efeitos.				
22- O método mais seguro para evitar filhos é o preservativo masculino (camisinha).		E		
23- Se um rapaz ejacula perto da entrada da vagina de uma moça, ela poderá engravidar, mesmo que não haja penetração vaginal.		C/E	C	C
24- Durante a gravidez, a mulher não deve tomar remédios sem orientação médica, nem tirar radiografias.				C
25- O sexo é muito importante para a felicidade das pessoas.	C	C		
26- Os seres humanos devem tomar muito cuidado para que o sexo não os transforme em animais.			C	C
27- Com os costumes sexuais mais livres diminuirão os problemas da juventude atual.	E		E	
28- É ilusão pensar que o sexo é uma coisa maravilhosa.	E		E	E/C
29- Na nossa sociedade, é impossível amar a mais de uma pessoa ao mesmo tempo.	E		C	C
30- Todo casal que não quer filhos tem obrigação de evitá-los.	C		C	C
31- Um homem só deveria ter relação sexual com uma mulher que ele ame.			C	C
32- Uma mulher só deveria ter relação sexual com um homem que ela ame.			C	C
33- As moças só devem ter relações sexuais com seus namorados se acreditarem que vão casar com eles mais tarde.			C	E

Jogo de frases (continuação)

	HOMENS		MULHERES	
	Z.R	Z.U	Z.R	Z.R
34- Os pais deveriam permitir que as crianças os vissem nus.	C		E	
35- É impossível acabar com a prostituição.	C		E	E
36- Revistas e filmes pornográficos deveriam ser proibidos.	E		E	C
37- As pessoas religiosas deveriam procurar seguir as normas sexuais de sua religião.		E	C	C
38- Se o amor acabar, o casal deve se divorciar.	C		C/E	C
39- Os pais deveriam dar igual liberdade a meninos e meninas.			E	C
40- Em matéria de fidelidade, as regras deveriam ser as mesmas para homens e mulheres.		C	C	C
41- Está certo que a mulher fique com a maior parte das tarefas domésticas.		E	C	E
42- Os homens devem mostrar seus sentimentos e emoções, sem medo de parecer "maricas".			C	C
43- A TV deveria valorizar outras características da mulher, além da beleza e da atratividade sexual.			C	C
44- O temperamento da mulher a torna mais adaptável a certas profissões		E		E
45- A masturbação é uma atividade sexual normal para homens e mulheres.	C			C
46- A sociedade deveria combater a violentação de mulheres com mais vigor.	C			C
47- Eu gostaria de ter maiores informações sobre sexo.			C	C
48- Sinto-me à vontade para conversar sobre sexo com qualquer pessoa.				E

As séries de slides "Adolescência: desenvolvimento corporal" e "Adolescência: desenvolvimento sexual",[4] utilizadas neste momento do "Projeto Adolescer", cumpriram o objetivo de enfatizar a relação entre o tema central – vivência sexual e reprodutiva – das Oficinas e a vivência adolescente. O fato de ser uma edição com muitas referências ao cotidiano do mundo urbano não prejudicou a compreensão e exploração do conteúdo pelos adolescentes da "zona rural". O recurso da charge possibilita abordar de forma leve e divertida – sem ser vulgar – temas sérios e importantes como aqueles relacionados à sexualidade.

Nesta terceira "Oficina", pode-se perceber como é necessário, e até mesmo indispensável, consumir parte do tempo do grupo identificando, analisando e reelaborando os vários discursos sobre o sexo, a sexualidade e a afetividade. No tratamento didático dado a essas duas palavras-chaves ("sexo" e "sexualidade"), foi possível trazer para a discussão a força do discurso socialmente construído que, ao mesmo tempo, é resultado das práticas sociais historicamente localizadas, como também é determinante das experiências que constituem o cotidiano das pessoas. Ao resgatar seus significados originais e as diferentes conotações que foram assumindo na linguagem comum, os grupos se deparam, com a força do reducionismo genital: histórica e culturalmente o exercício da sexualidade e sua plenitude estão restritos à vivência genital, empobrecendo a experiência humana da sexualidade.

Por outro lado, a análise crítica do discurso introjetado e reproduzido no nível das atitudes também contribui para desfazer preconceitos como aquele segunda a qual adolescentes quando falam sexo e sexualidade tem como única referência a vivência genital. Os dados dessa investigação evidenciam que, no bojo do velho discurso, é possível perceber, mesmo que embrionário, um novo discurso que procura valorizar outros

---

[4] CECIP, Rio de Janeiro.

componentes da vivência da sexualidade tanto na experiência masculina quanto na experiência feminina.

O que dizem os dados quantitativos?

A iniciação para uma vivência genital da sexualidade, no âmbito da cultura brasileira, é fortemente marcada por inúmeros tabus e preconceitos historicamente construídos e, que, frequentemente, resultam em experiências de profunda frustração. Em nosso estudo exploratório, buscamos através do *survey*, descrever as características básicas da primeira relação.

A virgindade prevalecia como característica da maioria dos adolescentes que constituíram a amostra deste estudo: 62,5%. A experiência da relação genital – definidas neste estudo como mais ampla do que "relação coital", incluindo também autoerotismo e outras formas de toque genital – era um fato na vivência de 37,5% da amostra. A virgindade estava mais presente na experiência feminina, na qual 79,5% das adolescentes ainda não haviam vivenciado a primeira relação, contra 46% dos adolescentes.

Sessenta e sete por cento desse subgrupo soube informar a idade em que vivenciou a primeira relação genital, apontando para uma predominância de primeiras relações na faixa etária de 13 a 17 anos (ver tab 28). No entanto, são bastante significativos os percentuais (30%) de adolescentes nas faixas etárias de menos de 10 a 12 anos.

Seguramente, é crescente o número de adolescentes que vivenciaram a sua sexualidade com envolvimento genital, sendo 37,5% um percentual bastante significativo, mas ainda distante da visão alarmista de que todos(as) adolescentes expressam sua sexualidade com envolvimento genital. Contudo, mais importante que a "quantidade" de relações genitais entre adolescentes, é a "qualidade" dessas relações no que se refere à saúde física e psíquica, bem como das relações interpessoais que se colocam em jogo no interior do casal e das famílias dos envolvidos nessa relação. Considerando que no subgrupo dos adolescentes que não se lembravam da idade em que mantiveram sua primeira relação, 75% são do sexo masculino, a essa preocupação com a "qualidade" das relações deve estar acompanhada de um olhar diferenciado para as experiências masculina e feminina. Certamente, essa dificuldade masculina de apontar uma idade aproximada da primeira relação sexual é um indicativo de que ela é vivenciada com significados distintos, segundo a condição de gênero.

Os dados também nos mostram a reprodução de duplas referências para a experiência cultural dos jovens, segundo o seu gênero, evidenciando a força da dupla moral que estimula o homem para uma vivência genital prematura e fora do casamento. Entre os adolescentes que informaram a idade da primeira relação dentro da faixa de "menos de 10 a 14 anos", 84% são homens, enquanto as mulheres representaram 16%. A distância se amplia para 90% e 10%, respectivamente, quando extraímos os dados referentes a faixa etária de 10 a 12 anos. Acima de 18 anos, as mulheres representaram 71%. Esse dado aponta uma contradição importante na dupla moral sexual. Por um lado, parece haver mais possibilidades para o adolescente masculino e maior interdição para a jovem no exercício de sua sexualidade. Entretanto, a vida sexual dos meninos parece estar mais marcada pela interdição da troca afetiva, pelo desconhecimento do próprio corpo e, talvez, do corpo da parceira.

Indagados sobre a ocorrência de penetração peniana durante a primeira relação, 31,5% responderam afirmativamente e 68,5% não declararam. Nesse subconjunto que declarou relações penianas, a metade incluiu "penetração vaginal", 6% "penetração anal" e 9,5% "penetração oral".

Quanto a idade do(a) parceiro(a) na primeira relação, somente 53% das (os) adolescentes com experiência genital souberam e ofereceram uma informação aproximada. Os demais "não lembravam, não sabiam, não declararam ou não quiseram responder". Neste subconjunto que não soube ou não quis oferecer a informação, 90% está situado nos N.S.Es. "B" e "C". Trabalhando com os dados daquela parcela que ofereceu informação, percebe-se que a idade preferencial para os(as) parceiros(as) da primeira relação está situada "entre antes de 10 e 14 anos" com frequência de 20%. No entanto, o maior subgrupo é constituído pelos que "não sabiam" e "não declararam" (47%). Os dados demonstraram uma diferença entre a idade das(os) parceiras(os) na ocasião da primeira relação sexual, segundo o sexo. Enquanto para os homens a idade da(o) parceira(o) estava situada predominantemente entre "menos de 10 e 14 anos" (26%), para as mulheres, a idade predominante dos parceiros estava situada entre 20 e 29 anos (32%). Depreende-se daí que os homens tendem a se relacionar sexualmente com parceiras mais jovens, o contrário sendo esperado para as mulheres. Vale ressaltar também, que, no conjunto dos que responderam "não lembro/não sei/não quero responder/não declarou" os homens constituem a maioria. As adolescentes, quando têm parceiros, tendem a ter mais informações sobre eles, a se lembrarem mais e declararem mais essas informações.

Amigos(as) e namorados(as) foram os(as) parceiros(as) preferenciais para a primeira relação entre aqueles(as) que já vivenciaram relações genitais, 34% e 29% respectivamente.

Entre *os* adolescentes, as amigas foram as parceiras mais frequentes (40%) na primeira relação genital. Além desse subgrupo principal, os dados apontaram para outros três grupos importantes no âmbito das relações heterossexuais: "as namoradas" (19%); "as primas" (15%); 17% mantiveram a primeira relação com outras(os) parceiras(os), por exemplo: as(os) profissionais do sexo; 9% das primeiras relações entre os homens foram relações homoeróticas.

Entre *as* adolescentes, o namorado foi o parceiro privilegiado para a primeira relação: 51%. Os "amigos" representam 21% e as demais pessoas apontadas (8,5%) não atingem percentuais significativos; 6,5% das primeiras relações entre as mulheres foram homoeróticas.

Ter amigo(a) como parceiro(a) na primeira relação foi mais frequente entre adolescentes de 10 a 14 anos e predomina nos NSEs "B" e "C". Entre adolescentes de 10 a 14 anos, a preferência se divide entre "o amigo" (40,5%) e o "namorado" (17%). No entanto, entre adolescentes de 15 a 19 anos, 36,5% mantiveram sua primeira relação com o "namorado". A figura do "namorado" se destacou na vivência dos(as) adolescentes de NSE "A" (42,5%). Não há diferença significativa sob a perspectiva da situação de domicílio, exceto na resposta "não declarou" onde o índice da zona rural (17,5%) foi duas vezes maior que na zona urbana.

O conjunto dos dados sobre a "idade" e o "grau de relacionamento com o(a) parceiro(a)" da primeira relação, recoloca a importância do grupo de amigos no processo de maturação do(a) adolescente como pessoa e, consequentemente, sua força sobre o desenvolvimento da sexualidade em ambos os sexos.

Outro aspecto importante desse momento crucial na história da sexualidade de cada um refere-se à qualidade. Assim, compreendemos que, entre muitas outras, a primeira condição básica para uma relação saudável e prazerosa é que ela seja um exercício de liberdade daqueles que a protagonizam. Neste estudo, 72% dos(as) adolescentes com experiência genital declararam que sua primeira relação foi consensual, ou seja, ambos desejavam estabelecer a relação. 18% foram pressionados/submetidos à violência por seus(suas) parceiros(as) ou exerceram pressão/submeteram à violência seus(suas) parceiros(os). Foi entre as mulheres que apareceu o índice mais elevado (20%) de vítimas da violência na primeira relação, contra 16,5% entre os homens.

Os adolescentes mais jovens foram mais vulneráveis ao abuso sexual. A vivência da primeira relação sob pressão ou violência ocorre com maior frequência (29,5%) na faixa etária de 10 a 12 anos, enquanto nas faixas subsequentes vamos ter 16% e 14,5% respectivamente.

A mesma afirmação podemos fazer em relação ao NSE "C". Os dados indicam uma vulnerabilidade maior no NSE "C": 23%, diminuindo para 15,5% no nível "B" e para 12% no nível "A". A zona rural também aparece neste estudo detendo maior frequência de primeiras relações sob pressão ou violência: 26,5%; enquanto na zona urbana encontramos 15%.

Uma rica perspectiva de análise se abre, nesse sentido, ao vermos que os dados sobre a pressão na primeira relação sexual contrastam com os resultados que mostram maior probabilidade de abuso sexual entre jovens da zona rural e entre os meninos .

Talvez a socialização de meninos e meninas, especialmente na zona rural, ainda marque, em relação aos primeiros, uma compulsoriedade de "ter de ter" e "submeter-se" a experiências sexuais, enquanto, para as meninas, reserva-se uma interdição. Tanto essa interdição quanto a compulsoriedade fariam partes correlatas de uma moral sexual dupla.

A produção da violência sexual se daria tanto a partir de interdição quanto a partir de compulsoriedade, sendo que esta última estaria mais nitidamente ligada a atos abusivos, seja elegendo o homem como agressor seja fazendo dele uma vítima de outros potenciais agressores.

Nossa investigação (RENA,1996) também revelou que a metade da amostra considera que as relações genitais só podem ocorrer depois do casamento; sendo essa regra amplamente acolhida entre as mulheres (70,5%) e recusada pelos homens: 29%. Observa-se, também, que a conservação da norma cultural foi mais frequente entre os mais jovens: 59% entre 10 e 12 anos; 50,5 entre 13 e 16 anos e 40,5 % entre 17 e 19 anos.

A metade dos adolescentes de N.S.E. "C" e "B" e 43% dos adolescentes de N.S.E. "A" sustentaram a vinculação estrita entre "casamento" e "relação genital". Entretanto, foi relativamente ampla e equilibrada a aceitação de relações genitais dentro do namoro: 31% no N.S.E. "A", 30% no N.S.E. "B" e 24,5% no N.S.E. "C".

É importante notar que, entre os adolescentes que se posicionaram a favor de relações genitais fora de qualquer nível de compromisso, 83% estavam situados em famílias nas quais os pais ou responsáveis estavam presentes e legalmente casados. Outro dado significativo se refere à participação religiosa: 80,5% desse mesmo subgrupo que desvincula as relações genitais de qualquer compromisso declararam participação religiosa.

É verdade que na cultura sexual brasileira o "ato de penetrar e ser penetrada(o)" tem diversos significados e representações relacionados com exercício de poder, experiência de prazer, capacidade de reproduzir-se, competência sexual e outros aspectos da vivência afetiva-sexual. Todavia, há um risco real de exacerbação da importância da penetração, sobretudo como fonte de prazer, em detrimento de outros elementos constitutivos do fato sexual humano. A percepção de penetração peniana-vaginal como indispensável nas relações heterossexuais foi enfatizada por 75% do subgrupo constituído pelos adolescentes que já apresentavam uma ou mais experiências genitais, independentemente do N.S.E., sendo que somente 6% discordaram firmemente da afirmação de que toda relação entre homem e mulher deve ter penetração vaginal. Essa "exigência" estava presente na experiência de ambos os sexos, com maior frequência (80,5%) entre os homens, enquanto, entre as mulheres, o índice foi de 62%. A diferença entre os subgrupos por faixa etária era bastante evidente. A exigência de penetração seria mais frequente entre os adolescentes na "faixa etária" de "17 a 19 anos": 84%.

A vinculação obrigatória do exercício da sexualidade à função reprodutiva, dentro do casamento, é uma norma universal estabelecida a séculos pelo catolicismo e por outras correntes religiosas. No entanto, entre a lei e o cumprimento da lei, sobretudo no âmbito da cultura brasileira, há um descompasso evidente. Neste estudo, 28,5% dos adolescentes com experiência genital concordaram com a afirmação de que "as relações homoeróticas só podem acontecer com fins reprodutivos". 62,5% se manifestaram contra a redução das funções da sexualidade à função reprodutiva. As mulheres se posicionaram contra a vinculação entre sexo e reprodução com maior frequência do que os homens, enquanto os adolescentes na "faixa etária" de "10 a 12 anos" se revelaram os maiores adeptos dessa ideia: 45%. A exigência de fins reprodutivos para as relações heterossexuais é mais frequente (35%) na "zona rural", bem como entre adolescentes dos "níveis socioeconômicos" "B" e "C": 30%, contra 19% entre adolescentes de N.S.E. "A".

A normatização da vivência sexual humana pode ocorrer formalmente como iniciativa do poder público através da legislação, normas de saúde pública e outras estratégias frequentemente utilizadas para organizar a vida social. No entanto, verifica-se uma "normatização informal" – que muitas vezes incide sobre as atitudes do indivíduo com mais força e eficiência que a "normatização formal" – através do estabelecimento de modelos e ideais de desempenho, bem como dos mitos e tabus.

Precisamente, as questões relativas à vivência do orgasmo só poderão ser compreendidas no contexto dessa "normatização informal" que estabelece, por exemplo, que a ocorrência de uma ejaculação precoce ou a ausência de orgasmo em uma relação já é sintoma de distúrbio biopsíquico e que, portanto, requer tratamento. É muito comum avaliar a qualidade da relação pela ocorrência ou não do orgasmo, pelo tempo consumido pelo casal para alcançá-lo, entre outros. Tudo isto se torna ainda mais complexo se considerarmos que esse aspecto importante da vivência sexual ocorre de forma bastante diferente para homens e mulheres, com significados e consequências ainda mais distintos para ambos.

Quarenta e um por cento dos adolescentes com experiência genital consideraram que a relação perde qualidade quando não se chega ao orgasmo; 49,5% pensavam diferentemente e concordavam com a afirmação de que "uma relação sexual pode ser muito boa mesmo que não atinja o orgasmo"; e 9% não declararam. Adolescentes residentes na "zona urbana" valorizavam mais a relação sexual mesmo sem o orgasmo que os que residiam na "zona rural". A maioria dos homens considerau que a relação pode ser muito boa, apesar de não ter havido orgasmo: 52%, contra 44% entre as mulheres.

Os adolescentes na "faixa etária" de "17 a 19 anos" se destacaram no conjunto dos dados como os que discordam da afirmação de "que uma relação sexual pode ser muito boa mesmo que não resulte em orgasmo": 48%. A opinião sobre esse aspecto também se diferencia, conforme o N.S.E. 48,5% dos adolescentes de N.S.E. "A", 42,5% dos de N.S.E. "C" e 38% dos situados no N.S.E. "B" discordavam da afirmação.

Oficina 4: Relações de Gênero: "Dois pesos, duas medidas"

Debatendo as vantagens e desvantagens de ser homem ou mulher

Esculpindo imagens do masculino e do feminino

Que uma mulher pode nunca nada
isto eu já sei
é o grito da dona moral,
todo dia,
no ouvido da gente
mas que eu estou pela vida, na luta
eu também sei
e meu caminho eu faço
nem quero saber que me digam desta lei...
é que sinto exatamente
aquilo que sente qualquer um que respira
uma perna de calça
não dá mais
direito a ninguém
de transar o que seja viver
e por isso eu prossigo e quero
e grito no ouvido dessa tal de dona moral
que uma mulher pode nunca é deixar
de ser e fazer e acontecer

(Gonzaguinha)

O esforço de compreender a vivência da sexualidade adolescente implica reconhecer que, sobre os atributos biológicos definidores dos indivíduos enquanto macho e fêmea, projetam-se as identidades de masculino ou feminino. Para Lúcia Afonso, essa construção da identidade de natureza biológica, psicológica e social inclui a definição dos papéis sexuais:

> a partir da consciência de seu corpo sexuado, da sua identificação com os papéis sociais que lhe caberiam e/ou que desejaria assumir, das escolhas que faz sobre suas relações afetivo-sexuais, o sujeito constrói para si uma identidade "de ser homem"ou "de ser mulher". Complexa, essa identidade combina fatores biopsicossocioculturais. O sujeito desenvolve uma compreensão de si, não mais simplesmente como um corpo sexuado(macho/fêmea) mas como membro de um gênero. (AFONSO,1995)

Assim, a condição de gênero está na base do código social que estabelece padrões diferenciados de conduta para homens e mulheres nos vários setores da vida social. Porém, é na vivência da sexualidade que a discriminação de gênero se mostra com muita evidência. As representações de masculinidade e feminilidade interferem de forma determinante nas relações entre os parceiros, condicionando as atitudes nas várias dimensões da vida da pessoa.

Precisamente, nas decisões relativas ao exercício da sexualidade em qualquer uma de suas formas de expressão, instala-se o jogo de poder entre os parceiros. Reconhecemos, como Scott, que falar de relações de gênero significa falar de relações de poder:

> o gênero é uma forma primeira de significar as relações de poder. Seria melhor dizer que o gênero é um campo primeiro no seio do qual ou por meio do qual o poder é articulado. O gênero não é o único campo mas ele parece ter constituído um meio persistente e recorrente de tornar eficaz a significação do poder no ocidente. (SCOTT,1991)

Por essas razões teóricas, durante o desenvolvimento deste trabalho, tanto nas ações educativas como nos procedimentos do *survey*, mantivemos uma constante preocupação em superar o sexismo que marca fortemente o contexto cultural em que estamos inseridos. Assumimos, assim, o que propõe Bruschini e Costa:

> Levar a sério a questão de gênero...em qualquer pesquisa social e recorrendo a qualquer metodologia, significaria atuar em dois planos: de um lado, assumir teoricamente este conceito, adotando-o como categoria analítica. De outro, na prática da pesquisa, levando em conta o sexo do pesquisador e do pesquisado, bem como suas implicações para os resultados da pesquisa. (BRUSCHINI E COSTA,1992)

Nessa quarta Oficina, os adolescentes foram convocados a enfrentar esta discussão a partir das próprias representações de masculinidade e feminilidade introjetadas durante o processo de socialização a que estão submetidos, buscando superar sua condição biológica enquanto destino. Nolasco aponta a fatalidade biológica presente na nossa cultura como responsável pela inércia que impede o esforço de reflexão e mudança:

> a biologia é um destino. Assim não há o que pensar sobre a diferença, o conflito ou as contradições da vida. Se a subjetividade de um homem é a continuação de sua herança genética, ao menino resta conformar-se com esta visão de mundo e resistir a qualquer outra possibilidade de reflexão. (NOLASCO, 1993, p. 47)

Em outro estudo, Garcia apresenta o "construtivismo social" como campo epistemológico onde o corpo é desbiologizado e ressignificado a partir da sua inserção na rede de relações sociais e em sintonia com seu contexto histórico-cultural:

> Existe um corpo sólido de trabalhos empíricos e teóricos sobe o termo "construção social". É de caráter interdisciplinar e influenciado por movimentos sociais que trabalham com a dimensão sexo e gênero. A principal contribuição desses trabalhos está em apresentar os

significados dos atos corporais, sexuais e reprodutivos como construções sociais, e não pertencentes a esfera da biologia. Os estudos que argumentam a partir dessa visão, se colocam dentro de uma perspectiva histórica e comparativa, permitindo examinar as maneiras pelas quais os significados de gênero variam de cultura para cultura, e como se modificam dentro de uma determinada cultura através do tempo. (GARCIA, 1998, p. 37)

Dinâmica "Escultor – Escultura": expressando nossas imagens de masculino e feminino[1]

Primeiro momento: imagens de masculino e feminino

Dispensando os procedimentos de introdução, propositalmente, o educador solicitou a cada participante que pensasse em uma imagem de masculino ou feminino, sem que a comentasse com ninguém. Em seguida, os participantes organizaram-se em duplas, buscando o(a) parceiro(a) de sua preferência.

Segundo momento: tocando o corpo de outro

O educador estabeleceu que naquele primeiro momento, o(a) parceiro(a) mais jovem assumiria o papel de ser a argila ou barro e o(a) mais velho(a) seria o(a) escultor(a) que deveria esculpir no corpo do parceiro(a) a imagem escolhida.

Terceiro momento: apreciando as esculturas/os corpos dos outros

O grupo que estava na condição de escultura se manteve imóvel por alguns minutos para que os demais participantes pudessem circular, observando as diferentes imagens de feminino e masculino ali presentes.

---

[1] Dinâmica de autoria desconhecida, adaptada aos objetivos deste trabalho.

Quarto momento: se colocando no lugar do(a) outro(a)

O educador propôs uma inversão de papéis: aqueles(as) que assumiram o papel de argila passam a ser escultores(as) para esculpir as imagens.

Quinto momento

Repetiu-se o mesmo procedimento descrito no terceiro momento.

Sexto momento: identificando os estereótipos

O educador convidou o grupo a formar um semicírculo. Cada adolescente foi convidado(a) a identificar o(a) personagem em que se transformou após a ação do escultor. O (A) colega que cumpriu o papel de escultor(a) deveria confirmar ou não a percepção do(a) colega. As personagens foram sendo registradas separadamente no quadro.

Sétimo momento: problematizando as representações sociais de masculino e feminino

A partir do que o grupo produziu, o educador provocou a reflexão sobre o tipo de homem e de mulher que predominavam no grupo, problematizando as concepções de masculino e feminino explícitas ou implícitas nas imagens.

"Dinâmica Mosaico da Difernça": vantagens e desvantagens de ser homem e ser mulher[2]

Primeiro momento: avaliando a experiência de ser homem ou de ser mulher

Os participantes foram reagrupados por sexo e foi solicitado ao grupo masculino a elaboração de uma lista com as

---

[2] Minha autoria.

vantagens e desvantagens de ser homem enquanto, ao grupo feminino, uma outra lista com as vantagens e desvantagens de ser mulher. As listas deveriam ser o resultado do consenso de cada grupo. Isso não sendo possível, as divergências deveriam ser destacadas.

Segundo momento: imagens de masculino e feminino que transitam na mídia

Cada grupo deveria extrair de revistas e jornais da grande imprensa, textos e imagens que pudessem compor mosaicos que apresentassem as vantagens e as desvantagens de ser homem ou mulher registradas nas listagens dos dois grupos.

Terceiro momento: explorando e analisando as imagens da mídia

Os grupos foram convidados a apresentar seus trabalhos, buscando justificar as opções que foram feitas tanto em relação às imagens quanto em relação aos aspectos negativos e positivos apontados nas vantagens e desvantagens de ambos os sexos.

Quarto momento

O grupo concluiu a dinâmica e a "Oficina", sistematizando os elementos que apareceram e problematizando as representações de masculino e feminino reveladas durante o processo.

Avaliando os resultados

A vivência da dinâmica "Escultor, Escultura" possibilitou extrair do grupo as representações de masculino e feminino revelando indícios de estereotipia presente na cultura. A estratégia de abordagem mostrou-se bastante adequada para a discussão do tema "Relações de Gênero". Em ambos os grupos, na "zona rural" e na "zona urbana", os adolescentes realizaram as tarefas com seriedade, mas, ao mesmo tempo, divertiram-se muito. A possibilidade de tocar o corpo do(a) colega e, brincando, transformá-lo em outra pessoa favorece a aproximação e contribui para superar os bloqueios em relação ao corpo do outro e em relação ao próprio corpo através da experiência do "toque".

Os quadros apresentados a seguir evidenciam que os estereótipos de masculino e feminino se repetem entre os adolescentes independentemente da "situação domiciliar", o que revela coerência com o contexto sociocultural da região. Enfim, o objetivo de levar os grupos a perceber quais são as representações de homem e de mulher subjacentes ao discurso e às atitudes foi alcançado.

Quadro 9

IMAGENS DE MASCULINO E FEMININO/ZONA URBANA		
NOME	IMAGEM	INTERPRETAÇÃO
Cl. (F)	Homem dançando.	Liberdade, desinibição, beleza.
C. (F)	Mulher posando para foto.	Charme, vaidade.
A. L. (F)	Homem gesticulando.	Comunicação, discussão.
L. (F)	Homem em ataque. (Jean Claude)	Agressividade, ativo, força, poder.
B. (F)	Super-homem.	Força e proteção.
R. (M)	Mulher posando para foto.	Passividade, beleza.
Cl. (M)	Homem em defesa. (Bruce Lee)	Força, destreza, superioridade.
R. (M)	Mulher expressando charme.	Sedução.
J. (M)	Mulher mãe.	Dedicação, amor

Quadro 10

IMAGENS DE MASCULINO E FEMININO/ZONA RURAL		
NOME	IMAGEM	IMAGEM
I. (F)	Homem (modelo) fazendo pose para pintura.	Profissionalismo, beleza, arte.
M. A. S. (F)	Mulher gestante.	Maternidade.
Mar. (F)	Garota se espreguiçando.	Leveza.
M. A. L. (F)	Homem em desfile de modas.	Profissionalismo.
A.(F)	Homem forte.	Força
D. (F)	Garoto em concurso de beleza.	Exposição do corpo, beleza
F. (M)	Homem em pose para retrato.	Passividade, vaidade.
Lu. (M)	Mulher policial.	Força, poder.
E. (M)	Homem dançando no Carnaval.	Liberdade, prazer.
J. (M)	Dona de casa vindo das compras.	Dedicação, serviço.
Al. (M)	Homem homossexual	Passivo, "igual à mulher".
A(M)	Mulher olhando-se ao espelho.	Vaidade, cuidado com o corpo.
L. (M)	Homem masturbando-se.	Prazer, imaginação.
W. (M)	Homem na relação sexual (ativo)	Poder.
V. (M	Mulher preparando para dar um beijo.	Sedução, prazer.

Quadro 11

IMAGENS DE MASCULINO		
NOME	IMAGEM	INTERPRETAÇÃO
Cl. (F; ZU	Homem dançando	Liberdade, desinibição, beleza.
A L. (F; ZU)	Homem gesticulando	Comunicação, discussão.
L. (F; ZU)	Homem em ataque (Jean Claude)	Agressividade, ativo, força.
B. (F; ZU)	Super-homem	Força e proteção.

Cl. (M. ZU)	Homem em defesa (Bruce Lee)	Força, destreza.
I. (F; ZR)	Homem (modelo) fazendo pose para pintura.	Profissionalismo, beleza, arte.
M.A.L. (F; ZR)	Homem em desfile de modas.	Profissionalismo.
A. (F; ZR)	Homem forte.	Força.
D. (F; ZR)	Garoto em concurso de beleza.	Exposição do corpo, beleza
F. (M; ZR)	Homem em pose para retrato.	Passividade, vaidade.
E. (M; ZR)	Homem dançando Carnaval.	Liberdade, prazer.
Al. (M; ZR)	Homem homossexual.	Passivo, "igual à mulher".
L. (M; ZR)	Homem masturbando-se.	Prazer, imaginação.
W. (M; ZR)	Homem na relação sexual (ativo).	Poder.

Quadro 12

IMAGENS DE FEMININO

NOME	IMAGEM	INTERPRETAÇÃO
C. (F; ZU)	Mulher posando para foto	Charme, vaidade.
R. (M. ZU)	Mulher posando para foto	Passividade, beleza.
Ro. (M. ZU)	Mulher expressando charme	Sedução.
J. (M. ZU)	Mulher mãe	Dedicação, amor.
M.A.S.(F; ZR)	Mulher gestante.	Maternidade.
M.A.S.(F; ZR)	Garota se espreguiçando.	Leveza
Lu. (M; ZR))	Mulher policial.	Força, poder
J. (M; ZR)	Dona de casa vindo das compras	Dedicação, serviço.
A. (M; ZR)	Mulher olhando-se ao espelho	Vaidade, cuidado com o corpo
V. (M; ZR)	Mulher preparando para dar um beijo.	Sedução, prazer

O exercício, em pequenos grupos, para elaboração das listas de vantagens e desvantagens de ser homem e de ser mulher, bem como a visualização através da construção – coletiva – dos mosaicos, possibilitou o aprofundamento sobre a condição masculina e a condição feminina. A oferta de material bastante diversificado no que se refere à mídia impressa permitiu acesso a distintas matrizes ideológicas de produção de notícias e das imagens que as acompanhavam.

Mosaicos para discutir as diferenças de gênero

O cuidado na seleção das revistas e jornais utilizados se revelou essencial nesse tipo de atividade, em que a "imagem" e a "palavra" produzidas pela mídia são apropriadas pelo indivíduo ou pelo grupo e ressignificadas no processo de interação grupal para comunicar uma ideia ou um sentimento. Nos próximos quadros podemos verificar a produção dos grupos:

Entre as vantagens de ser homem apontadas pelos adolescentes, observou-se que a experiência de "liberdade" aparece com maior frequência como atributo da vivência masculina. Essa experiência de liberdade se realizava em situações muito concretas como "retirar a camisa" ou "sair no final de semana".

Percebeu-se também que para esses grupos, a vivência da masculinidade implica o "exercício da força e do poder". Aqui, também, os textos com duplo-sublinhado apontam para a presença desses elementos em diferentes dimensões da vida do indivíduo: familiar, afetiva, política e econômica. Esse elemento da identidade masculina é apontado por Parker como herança do sistema patriarcal que está na base da formação cultural do povo brasileiro:

Quadro 13

ZONA RURAL	
SER HOMEM	SER MULHER
V A N T A G E N S - *Mandar em tudo, estar à frente.* - *Facilidades no serviço.* - *Ser livre.* - É melhor que vida de mulher. - *É livre pra tudo que quiser.* - *Dar filho à mulher.* - De não menstruar. - *Ter mais direito de mexer com os negócios da família.* - *Ser mais forte fisicamente.* - *Poder aproveitar feriados e finais de semana.* - *Poder sair na hora que quiser.* - Ser mais aberto.	- *Não ir para a roça trabalhar.* - *Ter a gravidez.* - *Não ter que se alistar.* - *Não ter que assustentar uma casa.* - *Dar à luz.* - *Ser mãe.* - Não acha vantagem. - *Porque são bonitas.* - Ser companheira do homem, tentar passar para o homem o que é ser mulher. - Trabalha na sombra. - Tem serviço constante. - *Não precisa tomar a iniciativa.* - *Dar à luz, gravidez.* - *Ser bonita.* - *Sensibilidade.* - De se reconstruir a vida. - *Tem mais chance de conviver com os filhos.*

Quadro 14

ZONA URBANA	
SER HOMEM	SER MULHER
V A T A G E N S - *Tem menos tabus.* - Não tem menstruação. - *É livre.* - *É independente.* - Superego desenvolvido, é superior.	-- *Poder dar a luz – gestação.* - Poder chorar. - *Ser vaidosa.* - *Se produzir.* - *Ser sedutora e perigosa.*

Quadro 14 (Continuação)

	ZONA URBANA	
	SER HOMEM	**SER MULHER**
V A N T A G E N S	- *Tem menos tabus.* - Não tem menstruação. - *É livre.* - *É independente.* - Superego desenvolvido, é superior. - *Ser sedutor.* - *Liberdade.* - *Ficar só de calção.* - *Autoridade.* - Responsabilidade. - *Fazer o que quer.* - Ser atraente. - Dar prazer. - *Determinar o filho.* - Pensar o futuro. - *Conquistar e ser conquistado.* - *Força para enfrentar obstáculos.* - Delicadeza especial. - *Ser pai.*	- *Poder dar a luz – gestação.* - Poder chorar. - *Ser vaidosa.* - *Se produzir.* - *Ser sedutora e perigosa.* - Responsabilidade - *Ser atraente.* - Segura - Esforçada. - Boa culinária. - Objetiva. - Se interessa mais. - *Vaidosa.* - *Ser mãe.*

Não é de admirar, dado nosso entendimento tanto da tradição patriarcal como da linguagem do corpo no Brasil contemporâneo, que a figura do machão devesse ser tão importante quanto o pai ou o marido na construção da definição popular de masculinidade. Tanto quanto qualquer outra figura isolada, o machão incorpora os valores tradicionalmente associados como o papel de macho na cultura brasileira – força e poder, violência e agressão, virilidade e potência sexual... Juntos, o machão e o pai fornecem um retrato ou, pelo menos, um ideal de homem moderno dificilmente distinguível do patriarca tradicional. Eles incorporam um conjunto de valores profundamente enraizados, que

> continuam a funcionar mesmo hoje na estruturação do mundo do gênero na vida brasileira – uma série de valores na qual o simbolismo da sexualidade, violência e poder estão claramente ligados na configuração cultural da masculinidade. (PARKER, 1991, p. 74, 75)

Esta expressão de força e poder fica mais evidente nas afirmações situadas no âmbito da sexualidade (textos em negrito). Na visão dos adolescentes, o homem é poupado do "incomodo" da menstruação, mas é ele quem "dá o filho à mulher" ou "determina o filho". Ao homem cabe "atrair, seduzir, conquistar e dar prazer", isto é, ser sexualmente eficaz. A exigência social da competência erótica e reprodutiva está presente no cotidiano masculino nas várias fases do ciclo vital, mas, na adolescência, essa questão torna-se crucial. Trata-se de um momento de definição da identidade sexual que, por si só, é um processo complexo relativo ao grupo social em que está inserido.

> Assim, o desempenho sexual cumpre um duplo papel: serve como canal para extravasar uma série de tensões latentes e garante o atestado viril. Do modo como os homens são socializados, dificilmente a experiência sexual é decorrente de uma experiência de encontro em que o prazer de um está remetido ao prazer do outro... Os meninos crescem tendo por padrão de comportamento um conquistador, ou guerreiro imaginário, de apetite sexual insaciável... O imaginário masculino está permeado por marcas de força, poder e dominação, tanto do outro quanto de si. No âmbito sexual não é diferente, os homens limitam seu prazer a dominar e subjugar, reproduzindo no âmbito privado o que se passa na esfera pública. (NOLASCO, 1993, p. 70, 71)

Entre as desvantagens de ser homem, identificamos três percepções significativas. A primeira delas se refere a experiência de trabalho fora de casa (negrito) como experiência negativa e como tarefa predominantemente masculina, assim como "sustentar a casa" é obrigação do homem. A hipótese de uma crise de impotência ou de uma tentativa fracassada para conquistar alguém também é colocada como uma desvantagem da condição masculina. A expectativa de competência sexual para o homem torna-se um fardo pesado e uma fonte de angústia e tensão. A impossibilidade natural da gestação ou a possibilidade da infertilidade são apontadas pelos dois grupos como desvantagens para a vivência masculina.

Os dados do *survey* (RENA, 1996) nos oferecem outros elementos para reflexão sobre o adolescente que vive no interior de Goiás. Para os 540 adolescentes que constituem o subgrupo da amostra com experiência genital, ou seja, 36,5% da amostra total, 59% consideraram que o homem entende mais de sexo do que as mulheres. Esse "entender mais" reflete uma imagem de homem mais "experiente" e mais competente no exercício da genitalidade. Essa percepção de um "saber-saber" e um "saber-fazer" masculinos superior ao feminino esteve presente com quase igual frequência em todos os subgrupos ("níveis socioeconômicos", por "faixas etárias" e por "situação domiciliar"). A diferença mais significativa apareceu nos dados agregados segundo os "sexos": 64% dos homens e 50% das mulheres afirmaram a superioridade masculina e somente 7,5% dos homens e 9% das mulheres a recusaram categoricamente.

O mito de que "o homem necessita de maior frequência nas relações do que as mulheres" também mostrou-se elemento significativo da representação de masculinidade. Independentemente do N.S.E, 71% da subamostra concordaram com essa afirmação. A parcela da subamostra que concordou com esse estereótipo foi majoritária em todos os subgrupos ("sexos", "faixa etária" e "situação domiciliar").

No perfil traçado durante a Oficina para a mulher, a função da maternidade (negrito) enquanto gravidez, parto e cuidado dos filhos se destacou entre as demais, as quais também são apontadas como vantagens de ser mulher: ser mulher é "ser mãe". Os atributos que qualificam o potencial erótico (sublinhado) também são apontados como vantagens de ser mulher, porém, em função de satisfazer o homem: ("Ser companheira do homem..."). No entanto a distorção torna-se mais evidente quando são apontadas como vantagens de ser mulher uma série de tarefas/obrigações masculinas para as quais as mulheres estariam dispensadas. Assim, são vantagens "não ter de...", "não ter que...", "não ir para..." como podemos verificar nos quadros a seguir:

Quadro 15

ZONA RURAL	
SER HOMEM	**SER MULHER**
DESVANTAGENS	

	SER HOMEM	SER MULHER
D E S V A N T A G E N S	- Nenhuma - *De sempre ter que tomar a iniciativa, um peso.* - Tem que ser forte em tudo. Superar tudo. - *Trabalho pesado.* - Sensibilidade. - *Ter que trabalhar na roça e aguentar o sol.* - *De não ter muito convívio com os filhos.* - *Não poder gerar um filho.* - *Quando ele quer conquistar uma pessoa e não consegue, acha que é gay.* - *Homem querer transar com uma mulher e não conseguir.* - De ser militar e sofrer muito. - *Ter que trabalhar para sustentar a sua casa.* - *Ter que trabalhar mais cedo.*	- Ser mais fechada do que o homem. - Ser humilhadas por homens. - Ser mais fracas fisicamente. - *Não ter feriados nem final de semana no serviço doméstico.* - *Trabalhar em serviço doméstico.* - Prostituição. - Sofre demais. - *Ser estéril.* - Não tem tanta liberdade como homens. - Presa em casa. - Mulher não pode sair só de calção, como os homens. - De ser vigiada pelos irmãos e pais. - Mulher não pode muitas vezes ter uma vida social, em serviços públicos. - De menstruar.

Quadro 16

ZONA URBANA	
SER HOMEM	**SER MULHER**
- *Sustentar a casa, tem que trabalhar.* - *Homem que só estuda é vagabundo.* - *Cobrança de atitudes.* - *Não gesta.* - *Ser delicado.* - *Se produzir.* - *Trabalhar no pesado.* - *Cuidar de uma família.* - *Preguiçoso.* - *Desconfiados.* - *Vícios.* - *Não acreditar em si mesmo.* - *Ser histério.* - *Ignorante.* - *Sem vergonha (safado).* - *Não guardar segredo.* - *Ambição.* - *Prostituir.*	- *Preguiçosa* - *Ter vícios.* - *Ser histéria.* - *Amar e não ser amada.* - *Ser dependente.* - *Prostituir.* - *Cuidar da casa e dos filhos sozinha.* - *Não poder ficar sem blusa como os homens.* - *Ser explorada sexualmente.* - *É amarrada.* - *Cuidar da casa e dos filhos.* - *Dor do parto.* - *Ter menstruação.* - *Não tem os mesmos direitos do homem.* - *É mais discriminada.*

(Coluna lateral: DESVANTAGENS)

Revisitando os dados quantitativos

Os dados do *survey* (RENA, 1996) confirmaram o modelo de atuação masculina, mas apontaram mudanças significativas no campo feminino. A impressão de que predomina uma certa permissão social e, muitas vezes, um estímulo sistemático para o exercício da genitalidade com várias parceiras, no caso do adolescente masculino e, por outro lado, a interdição absoluta com punição severa para as adolescentes que transgridem as regras da monogamia mesmo em simples relações de namoro, contrastou com os dados que encontramos. Quarenta e oito por cento declararam não aceitar que a mulher tenha várias relações com diferentes homens antes do casamento. Contudo, foi significativo o percentual que concordou com a diversificação dos parceiros para as mulheres: (43%). Se considerarmos que a margem de erro definida no desenho da amostra é de 3%, poderemos obter frequência igual para as duas posições.

Esse mesmo equilíbrio entre os índices foi encontrado quando comparamos os dados por "situação domiciliar" e por "sexos": é igual o número homens e de mulheres que querem manter a regra tradicional da virgindade feminina até o casamento. Entretanto, os dados apontaram para uma tendência de relaxamento da posição masculina em relação a essa questão, com 45% dos adolescentes considerando a possibilidade da liberdade feminina na definição do seu estilo de vida sexual contra 37,5% das adolescentes. A manutenção da interdição para o exercício da genitalidade feminina foi reafirmada com maior frequência entre adolescentes de N.S.E. "A" e da faixa de "17 a 19 anos".

Mesmo não havendo outros estudos relativos a vivência sexual e reprodutiva entre adolescentes do interior de Goiás em outros períodos, podemos supor que a regra de estabelecer-se a "iniciativa da relação sexual como tarefa exclusivamente masculina" também era parte da cultura sexual na região onde estão situados os adolescentes que constituem a amostra deste estudo. Nesse aspecto da vivência afetivo-sexual, os dados também apontaram para uma tendência de reconhecimento do desejo na experiência feminina e do direito da mulher expressar esse desejo ao propor a relação. Cinquenta e sete por cento da subamostra consideraram "natural a mulher tomar a iniciativa de propor a relação".

Essa tendência foi percebida independentemente da "situação domiciliar" e dos "níveis socioeconômicos", estando as diferenças mais significativas nos agrupamentos segundo os "sexos" e as "faixas etárias". O subgrupo mais aberto à iniciativa feminina estava na faixa de "13 a 16 anos" e o subgrupo mais fechado estava na faixa de "10 a 12 anos", excluindo-se os que não declararam. Entretanto, a diferença mais relevante estava situada nos dados agregados segundo os "sexos". Enquanto 66,5% dos homens aceitavam a iniciativa feminina, 48,5% das mulheres condenavam essa atitude.

Contudo, a parcela feminina da subamostra revelou outra posição quando formulamos afirmativa diferente com o mesmo significado, ou seja, 59,5% das adolescentes discordaram da afirmação "de que só o homem deve tomar a iniciativa de ter relações sexuais". O índice de discordância dessa afirmativa entre os adolescentes é de 58%. Estes dados indicam que também entre as mulheres amplia-se a consciência do direito de ser mais ativa dentro das relações afetivas e sexuais. Não encontramos contrastes importantes nos subgrupos segundo a "faixa etária" e os "níveis socioeconômicos". Porém, reordenando os dados por "situação domiciliar", identificamos uma frequência maior de adolescentes da "zona rural" que compartilham da opinião de que "só o homem deve tomar a iniciativa da relação".

Se os dados deste e de outros estudos confirmam o princípio de que as relações de gênero são fatos sociais que ocorrem em determinado contexto cultural no qual também se dá a vivência da sexualidade, podemos afirmar que a metodologia de "Oficinas" mostrou-se eficaz na abordagem da questão. A dinâmica da "Oficina" permite a reprodução de valores e práticas sociais que escapam ao texto, ao discurso e à imagem. Refiro-me à riqueza da interação face a face que não pode ser fixada por nenhum recurso e que só será usufruída por aqueles que a vivenciam. Esses valores e essas práticas reveladas no âmbito da interação foram problematizadas e submetidas ao pensar crítico dos demais integrantes do grupo e do educador que conduzia a intervenção com o objetivo de estimular o esforço coletivo em prol de novas respostas para velhas questões.

Oficina 5: Sexualidade e vida reprodutiva: a paternidade e a maternidade colocadas no horizonte

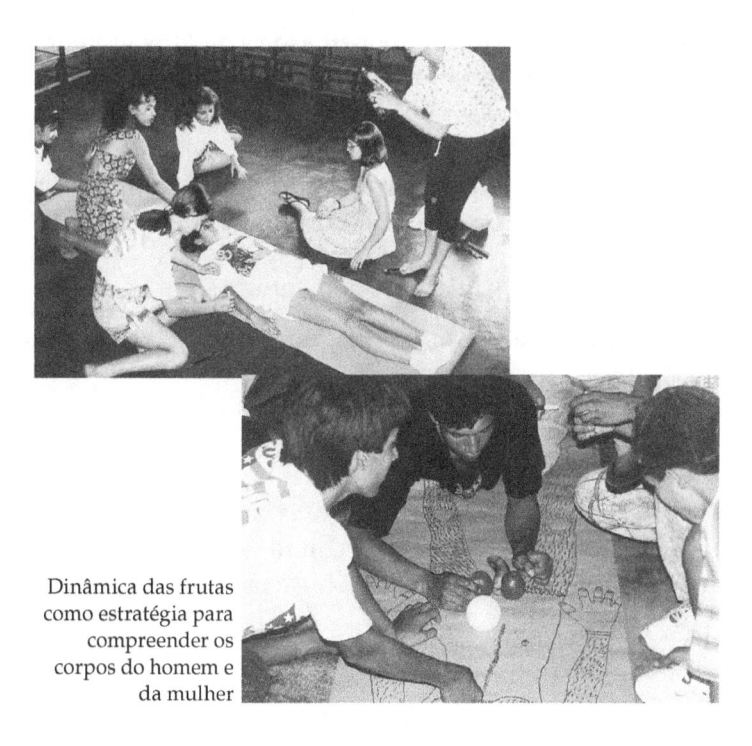

Dinâmica das frutas como estratégia para compreender os corpos do homem e da mulher

Entre o neto que foste e o avô que serás,
que pai terás sido?
Apenas o necessário.

(José Saramago, *Jangada de Pedra*)

Esta Oficina foi iniciada com a solicitação para que o grupo resgatasse a discussão sobre as três funções básicas da sexualidade (reprodução, comunicação e prazer) realizada na "Oficina nº 3". Para enfatizar o tema central a discussão, teve sequência a série de slides "Adolescência, Concepção e Contracepção" produzida pelo CECIP-RJ. Com essa Oficina, pretendíamos verificar e ampliar as informações sobre anatomia e fisiologia da sexualidade e da reprodução; chamar a tenção para a responsabilidade de cada um no cuidado da saúde sexual e reprodutiva; discutir as implicações psicossociais da gestação na adolescência e os desafios do exercício da paternidade/maternidade responsável. Entendíamos também que a discussão deveria introduzir a ideia de "direitos reprodutivos" e de "direitos sexuais", buscando resgatar a dimensão de cidadania presente na realização sexual da pessoa humana.

Corpo de homem; corpo de mulher: anatomia e fisiologia da sexualidade e da reprodução[1]

Primeiro momento

O grupo foi subdividido em dois segundo o sexo dos participantes.

Segundo momento: tocar e se deixar tocar

Solicitamos um voluntário e uma voluntária que pudessem servir de modelos para o desenho (traçado da silhueta) de um corpo em tamanho natural sobre o papel.

Terceiro momento

O grupo foi convidado a enriquecer o desenho para dar mais clareza à identidade masculina ou feminina dos desenhos:

---

[1] Nesta dinâmica, a abordagem do corpo feminino é largamente utilizada no movimento de mulheres. A abordagem do corpo masculino é uma criação da equipe de pré-natal do Hospital São Pio X, Ceres-GO, 1991/1992.

distribuição de pelos, de gorduras e de musculatura; estruturas mamárias, formato do rosto, estilo da cabelo, saliência no pescoço e, também, outros aspectos culturais de diferenciação de gênero sem, contudo, incluir os órgãos genitais.

Quarto momento

Não havendo mais contribuições para o desenho, o educador solicitou aos grupos que utilizassem as frutas e outros materiais ali disponíveis para apontar os órgãos externos e internos do aparelho reprodutivo masculino (banana, pitangas, tomates, cabeça de alho, barbante, balão) ou feminino (abacate, tomates, salsinhas, talo de mamona). Coube ao educador estimular a participação de todos sem interferir nas decisões do grupo.

Quinto momento

Concluída a etapa anterior, os subgrupos foram dissolvidos, possibilitando a todos conhecer os trabalhos dos dois grupos.

Sexto momento

Reunidos em círculo, os participantes foram convidados a acompanhar a exposição/demonstração do educador, avaliando e explorando os trabalhos. Dialogando-se com o grupo, fizeram-se as correções e/ou acrescentaram-se novas informações que se fizerem necessárias para uma compreensão global do funcionamento do corpo durante a atividade sexual e reprodutiva. No decorrer da exposição, o grupo foi estimulado a expressar suas dúvidas e inquietações.

Conhecendo os métodos e as práticas contraceptivas

Primeiro momento

A discussão sobre a contracepção foi iniciada com um levantamento sobre os métodos e as práticas contraceptivas conhecidas pelos participantes e sobre as mais usadas entre os adolescentes.

Segundo momento

Com o auxílio de um jogo de cartazes ilustrativos,[2] o educador conduziu o grupo por uma reflexão compartilhada sobre concepção, gravidez e parto. Nesse momento, os adolescentes também tiveram oportunidade de conhecer fetos de 2 e 4 meses.[3]

Terceiro momento

Fazendo uso do Álbum Seriado,[4] o grupo pode conhecer e debater as possibilidades de contracepção, distinguindo-as entre métodos de barreira e hormonais, definitivos e provisórios. O grupo se deteve em cada um dos métodos ou práticas, identificando os limites e as possibilidades no que se refere: ao procedimento correto de utilização, ao grau de eficácia, aos efeitos colaterais na saúde da(o) usuária(o), à possibilidade de acesso, ao custo econômico, às repercussões no processo de excitação sexual e aos questionamentos éticos e morais. Os dispositivos disponíveis na região (o preservativo masculino, o D.I.U. e a pílula), foram levados para que os participantes pudessem manipulá-los.

Os desafios da paternidade/maternidade[5]

Primeiro momento

Os participantes foram distribuídos em casais, para leitura e análise de casos de gravidez na adolescência publicados na mídia e alguns dados de pesquisa sobre a questão.

---

[2] Material do PAISM – Ministério da Saúde.

[3] Os fetos devidamente condicionados foram cedidos pelo Programa de Pré-Natal do Hospital Regional de Itaberaí.

[4] *Nós informamos, você decide*. Associação Brasileira de Planejamento Familiar – ABEPF.

[5] Minha autoria.

Segundo momento

De volta ao grupo maior, cada casal apresentou seu caso, expressando sua opinião sobre o fato e sobre os dados.

Todos foram estimulados a compartilhar com o grupo experiências que ocorreram com adolescentes conhecidos, comentando sobre as repercussões na vida dos próprios adolescentes, da família e da comunidade.

Terceiro momento

O educador falou da necessidade de ampliar o conceito de maternidade/paternidade, o que implica ir além do fato biológico da reprodução, buscando compreender o significado psicossocial, bem como os desafios inerentes à experiência de ser pai ou de ser mãe na cultura em que estamos inseridos. Portanto, a reflexão deve ter como ponto de partida nossa própria experiência de paternidade/maternidade como filhos e nossos sonhos de paternidade/maternidade que poderão se realizar no futuro.

Quarto momento

Os participantes foram convidados à reflexão individual, expressando suas visões de maternidade e paternidade ao completar as seguintes frases:

Ser pai é..

Ser mãe é...

Quinto momento

Novamente, os participantes masculinos recebem outra ficha com uma frase a ser complementada:

Se algum dia eu for pai..

As participantes do sexo feminino também foram chamadas a falar de seu sonho em outra ficha:

Se algum dia eu for mãe..

Sexto momento

Aqueles que assim desejassem, apresentaram seus textos e expuseram sua percepção e sua experiência para discussão em grupo.

Avaliando os resultados

A resposta dos adolescentes à Dinâmica das Frutas foi diferenciada conforme o sexo e a situação de domicílio. A participação, e o envolvimento com a atividade, sobretudo nos três primeiros passos, foi sendo construída com esforço dos educadores e dos educandos. Aos poucos, instalou-se um ambiente descontraído que favoreceu a colocação de questões importantes para uma vivência plena e desculpabilizada da sexualidade.

Construção do corpo
masculino: resgantando o saber

Na produção dos corpos masculino e feminino, a ignorância dos homens sobre seu próprio corpo ficou evidente, tanto entre os adolescentes da zona urbana como os da zona rural. Entre as adolescentes da zona urbana, houve certa dificuldade, no princípio, mas houve a construção do corpo feminino de forma correta e, durante o trabalho, surgiram comentários interessantes sobre a condição feminina. Entre as adolescentes da zona rural, foi grande a dificuldade em identificar e nomear os vários órgãos do aparelho reprodutivo, além de muito constrangimento no início, apesar de se estar exclusivamente entre mulheres. Nos dois contextos culturais, os homens demonstraram menos dificuldade para tratar dos órgãos genitais e procuraram erotizar os corpos produzidos no papel.

A reunião dos subgrupos em torno dos dois trabalhos – corpo masculino e corpo feminino –, nos quais homens e mulheres teriam que encarar juntos uma representação do corpo nu, foi um desafio para muitos que não conseguiam disfarçar o nervosismo e a ansiedade. À medida que o educador conduzia o processo de exploração do material, buscando envolver os adolescentes, começaram a surgir comentários e questões muito significativas. A seguir, apresentamos alguns exemplos:

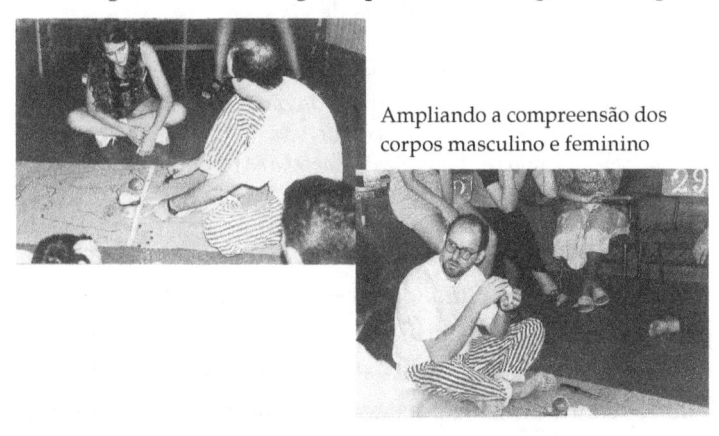

Ampliando a compreensão dos corpos masculino e feminino

Tenho muitas cólicas. E é só chorar que passa a dor. Estou cansada de sofrer cólicas.

Homem precisa de ginecologista?

O que acontece se tirar o útero da mulher?

Quais são os dias férteis da mulher?

O que é curetagem?

Por que a mulher procura o médico para dizer que sente dor na relação?

Na menopausa a mulher deixa de produzir hormônio?

Há possibilidade de uma pessoa nascer com mais de dois testículos? (adolescentes da zona urbana)

Tem possibilidade de o canal da bexiga não fechar quando o pênis fica duro?

> Quanto tempo para um homem ejacular de novo após uma ejaculação?
> Quando uma mulher engravida de dois é porque dois espermatozoides conseguiram entrar?
> A mulher menstrua a vida toda?
> Quando é liberado o esperma ele vem sozinho?
> Não vem junto outras coisas?
> Para que serve vesículas seminais e a próstata? (adolescentes da zona rural)

Dentre todos os comentários e perguntas, ocorreu uma fala especial quanto à ideologia de gênero:

> "Para os meninos esses pelos que descem do umbigo até o pênis é chamado de *caminho da felicidade* e para as meninas os pelos que vão do umbigo até o alto da vagina é chamado de *caminho da perdição*." (adolescente masculino, z.r.)

Nesse discurso, está evidenciado o consentimento social ao exercício da sexualidade masculina com a finalidade de produzir prazer e a identificação do exercício da sexualidade feminina como degradação. A atitude pedagógica, frente a essa e outras contradições explicitadas nas questões e nos comentários colocados no grupo, era sempre a de responder através da formulação de outras questões que possibilitassem a ampliação e o aprofundamento da reflexão. Ao final da dinâmica, todos estavam mais relaxados e revelavam grande interesse em tudo o que foi tratado.

A exposição sobre concepção, gravidez e parto, apoiada pelas imagens, também foi acompanhada com grande interesse, o que favoreceu o esclarecimento de aspectos da gestação, incluindo a participação do pai. Aqui, também foram registrados depoimentos e questionamentos interessantes que revelaram sentimentos, curiosidades e avaliações éticas frente a alguns aspectos da vida reprodutiva:

Os espermatozoides têm vida própria?
Qual a desvantagem da cesariana?
Por que algumas mulheres tem rejeição depois do parto?
Como vai ser para o homem ser pai e ter que dividir tudo com ele (o filho)?
A criança fica na água? Como a criança respira dentro d'água?
O que é contração?
O nenen sabe amamentar?
Não tenho vontade de passar por isso (o parto normal) nunca.
Meu pai não estava na hora do meu parto.
A mulher pode amamentar sem ser mãe?
...Um pai não aceitou a filha por ser ela mulher. Ele queria que fosse menino. Até hoje trata a filha mais velha como homem.

Avançar na reflexão sobre paternidade/maternidade, sob o aspecto psicossocial, encontrou resistência em dois participantes do grupo da zona urbana, que se recusaram responder às questões.

Problematizando a experiência da paternidade

Prá que me pergunta isso hoje...tô passando por um momento tão difícil, tão complicado. (M., 19 anos, Itaberaí)

É obrigado a responder? Posso ficar fora dessa? Deve ser triste ser pai... eu odeio criança... eu não tive infância. (M., 17 anos Itaberaí)

169

Posteriormente, através de uma aproximação pessoal e de outras técnicas utilizadas nas oficinas, ambos revelaram histórias de abandono que conturbaram a relação com a figura paterna. O primeiro permanece alimentando o desejo de conhecer o pai e busca insistentemente a ajuda de outras pessoas para fazê-lo. O segundo quer punir o pai pelo afastamento a que foi submetido na infância, quando os pais viviam na fazenda e ele, na cidade. Ambos buscaram ajuda junto ao educador e foram encaminhados para avaliação psicoterápica. Na zona rural, não houve resistência tão explícita, ao contrário, já na introdução, alguns se manifestaram:

> Pro pai é fácil, prá mãe não;
> A mãe carrega desde a primeiro dia e segue depois que nasce até...

Vejamos então como se posicionaram os dois grupos diante das questões apresentadas.

Quadro 17

REPRESENTAÇÕES SOCIAIS DE PATERNIDADE E MATERNIDADE ENTRE ADOLESCENTES DO SEXO MASCULINO
Ser pai é...
"Saber receber uma nova vida. Como ela é idependente de seu sexo. M. ou F."
Ser mãe é...
"*Ter cuidado com a vida que ela gerou,* ou está gerando. Não que o pai não precisa ter cuidado."
Se algum dia eu for pai...
"Queria ser um pai que tentasse aceitar aquela nova vida, dando-lhe afeto, atenção, carinho, amor tanto a criança e a mãe." (M., 19 anos, Itaberaí)

Ser pai é...
> "Ser uma pessoa responsável. Respeitar sua mulher seus filhos, e também educar tem que *sustentar sua família e proteger de todo mal.*"

Ser mãe é...
> "*Ser responsável, carinhosa com os filhos e com o marido,* educar e dar o amor e o carinho que o filho precisa."

Se algum dia eu for pai...
> "Eu seria um pai educado, eu procuraria a ser um pai melhor para todos, um pai carinhoso e responsável." (M., 19 anos, Itaberaí)

Ser pai é...
> "Amar, educar, participar da vida da criança, *sustentar com um padrão de vida razoável* para que *a criança se veja num mundo seguro,* acima de tudo da amor a criança."

Ser mãe é...
> "*É a coisa mais bonita do mundo.* Ser mãe é transmitir bases sólidas à crianaça para que ela desenvolva social, culturalmente; *essa base dada pela mãe é o amor, o carinho e o afeto.*"

Se algum dia eu for pai...
> "Me esforçarei para ser o melhor pai do mundo, para que meu filho cresça num ambiente muito legal e afetuoso." (M., 16 anos, Itaberaí)

Ser pai é...
> "*Aquele que da amor i carinho educação* sabe tratar seus filhos bem não é só aquele que faz."

Ser mãe é...
> "*Aquela sabe dar amor carinho educação* sabe conversar com sus filhas não e só aquela que consebe o filho e da a luz."

Se algum dia eu for pai...
> "Quero ser bem educado com meus filhos e esposa quero dar educação para meus filhos tratar bem quero conversar ensinar as coisas não só domar mas descutir o asunto." (M., 16 anos, Mirandópolis)

Ser pai é...
> "Para mim ser pai não e só tranzar e fazer um filho e tambem uma *responsabilidade* para ele por que se você engravida sua

> mulher e não *cuida dela e do seu filho que está dentro dela um dos dois pode sofrer grandes doenças*. Por isso pai tem que levar sua mulher para vesitar o medico todo mês ou de três em três meses."

Ser mãe é...

> "Ser mãe eu acho que não e tão facil quanto o pai por que a mãe *alem de sofrer dores para ter seu filho* tem que carregar o seu filho nove meses em sua barriga. além dela fazer esso tudo tem que *cuidar do seu filho* até uma certa idade e tem uns filhos que a mãe cuida até ele ficar velho. E mãe não e igual pai mãe se o filho sai a noite a se preocupa. Por esso seer mãe e mais compricado do que o pai."

Se algum dia eu for pai...

> "Se eu for não eu vou ser eu vou ser um *pai muito carinhoso para a minha mulher quando ela estiver gestante e muito amoroso com meu filho*. Por que eu vejo alguns pais que fazem o seu filho e deixa para o lado eu nào vou ser assim Por que *eu vejo a mãe quanto ela sofre* e tem mais amor no filho do que muitos pais por esso *eu vejo o sofrimento dela* e por esso eu acho que os pais tem que ter mais amor no filho." (M., 15 anos, Mirandópolis)

Ser pai é...

> "Ser pai *e acompanhar a gravidez* da mãe o tempo todo desde o começo da gravidez até o nascimento da criança. e dai endiante ate morer."

Ser mãe é...

> "Ser mãe e *prestar um serviço* muito grande por que carrgar uma criança durante 9 a 10 meses não e facio A mãe *antes do filho nacer ela carrego o bebe* e depois que ela nasce ela tambem *carego o filho*."

Se algum dia eu for pai...

> Ai sim. isto vai ser uma tarefa difício por que *o filho fica doente a noite a gente fica preocupado nem dorme direito...*" (M., 18 anos, Mirandópolis)

Ser pai é...

> "*Acompanhar a mãe* em todo o processo da gravides e até o nascimento e depois *dar carinho para seus filhos e uma boa educação* para ter um futuro mais formal."

Ser mãe é...

> "Ter um *bom cuidado com seu filho, que está sendo gerado, fazer Pré-natal e se cuidar também. Dar a seu filho um enorme afeto, quando ele ficar maior. Para ter um futuro grande."*

Se algum dia eu for pai...

> "*Vou fazer o possível para dar uma boa educação parra meus filhos, acompanha-los em todos os processos familiares e diciplinares, quero me sentir feliz e que meus filhos sitam o mesmo, quero receber muitos afetos e homenagens no meu dia. Quero receber elogios de minha companheira, que sou o pai mais alegre e diciplinar."* (M., Mirandópolis)

Ser pai é...

> "*Ser pai não e uma vida muito facil, mas para ela engarvidar uma mulher e muito facil basta ela tranzar com ela sem pilula e sem camisinha que ele vai engravidar uma mulher. Mas a vida de um pai e muito dificil as vezes ele tem que bater no filho achando que esta dando uma educação boa para seu filho mas ele não esta dando uma educação boa batendo, danando, brigando eu acho que ele deve dar uma educação boa para seu filho e dar uns conselhos para ele, assim ele vai levr muito mais vantagem."*

Ser mãe é...

> "*Ser mãe é uma vida muito dificil ter que ficar com um filho na barriga 9 meses não e brincadeira e depoes quando você ganha uma criança dar leite todas as horas do dia, não pode trabalhar nào pode mexer com nada na vida."*

Se algum dia eu for pai...

> "*Se algum dia eu for pai eu acho que eu vou tratar meu filho muito bem, colocar um nome nele muito bonito, dar muita educação para eles, não quero ver eles brigar. O principal é vou ter muito carinho com ele, ou eles."* (M., 16 anos, Mirandópolis)

Ser pai é...

> "*Facil au mesmo tempo dificil, porque pode provocar uma gravidez na mulher e não assumir o seu filho, ou então pode assumir seu filho que pode ficar muito dificil quando não tem condições mas tambem um filho é motivo de muita alegria.*

Ser mãe é...

> "Eu nunca fui e nunca vou ser mas no meu ponto de vista ser mãe é mais dificil por que seu sofrimento comessa deis do primeiro mes de gravidez ate seu filho ter a idade minima de 11 anos."

Se algum dia eu for pai...

> "Independete de condições vou assumir meu filho com a mãe ou sem a mãe, mas se eu tiver serteza que ela é meu filho e tentarei ser um bom pai fazer tudo que tiver ao meu alcansse." (M., 15 anos, Mirandópolis)

Quadro 18

REPRESENTAÇÕES SOCIAIS DE PATERNIDADE E MATERNIDADE ENTRE ADOLESCENTES DO SEXO FEMININO

Ser pai é...

> "Ser leal a esposa e aos filhos ter certeza se quer ou não encarar as consequençia que pode ter que enfrentar. E saber se tem au não responsa de amparar a esposa e os filhos e também ser pai e a alegria que a gente tem o fruto do amor que nasceu entre duas pessoa de sexo diferente."

Ser mãe é...

> "Tem que estar bem preparada para enfrentar e cuidar desta criança e ter a responssa de cuidar da casa e também do marido."

Se algum dia eu for mãe...

> "Eu vou ter que estar bem disposto a agir esta coisa com mais amor e carinho com a esposa e também com os filhos e vou ter que cuidar da educação dele ou dela e tambem na alimentação, da familia educano na evangelização na igreja seja ela qual for a religião temos que ter uma só no coração na igreja e na sociedade com os amigos e em fim com todas as pessoas." (M., 18 anos, Mirandópolis)

Ser pai é...

> "Ter um bom relacionamento com a mulher e os filhos e a família. Não, só pensar em engravidar. E deixar a mãe e o filio pelo mundo..."

Ser mãe é...

> "É pensar em ter um filio sem ter que pensar em fazer o aborto e

> *matar a criança depois de viver, tem que pensar. Para fazer as coisas e criar o filio com educação e amor."*

Se algum dia eu for mãe...

> *"Eu foi ficar meio confuso mas o diereito de criar com educação e alimentação e ser educado com ele e dar o que ele precisa. Eu vou criar com a mãe dele com muito amor e carinho..."* (M., 13 anos, Mirandópolis)

Ser pai é...

> *"Ser pai é muito compricado, não so fazer o bebê e largar de lado a mãe e a criança. Ser pai não e nada disso Já que transol e fez essa carga agora cumpra a responsabilidade Tem que ficar."*

Ser mãe é...

> *"Ser mãe e muito mais compricado do que ser pai Ser mãe tem uma carga bem mais pesada tem que cuidar da criança durante nove mesês sen lhes causar augumas coisas erradas."*

Se algum dia eu for mãe...

> *"Se algum dia Eu for Pai e um trabalho muito serio tem que cuidar da criança com muito amor e seriedade para ser pai Eu cuido muito bem dela for um bebê. O pai tem que ficar todo o tempo junto com o seu filho precisa saber que esta assinando um seria responsabilidade e conforto e carinho para esse filho ou filha deve ser cuidados pelo o pai e pela a mãe."* (M., 14 anos, Mirandópolis)

Ser pai é...

> *"Ser responsável, ser companheiro, estar feliz com o que possa nascer, independente de sexo, ser carinhoso e atencioso. Ser cuidadoso com a criança, mas também e principalmente com a mulher."*

Ser mãe é...

> *"Ser responsável, estar preparada para trazer uma nova vida, é querer compartilhar o que por algum tempo é só seu. É aceitar a criança que está para nascer independente se ela tem ou não tenha saúde."*

Se algum dia eu for mãe...

> *"Eu quero ser muito atenciosa, com meu filho, ou filha, quero dedicar uma boa parte do meu tempo a criança. Quero ser muito responsável. Mas para ser mãe a pessoa tem que estar preparada, fisicamente e espiritualmente. É ajudar seu filho não só quando ele estiver feliz, mas principalmente Quando ele estiver precisando dede carinho e conversar sobre tudo com ele, para que ele possa estar preparado para o mundo."* (F., 16 anos, Itaberaí)

Ser pai é...
> "Responsável pelo que faz ter carinho com os filhos, educar os filhos, ter diálogo ser compreensivo, i por fim ser chefe de todas as coisas de um lar."

Ser mãe é...
> "Educar os filhos, cuidar de seu lar, ter dialogo os filhos, ter amor e dá proteção, auxiliar os filhos, cuidar da saúde de seu filho."

Se algum dia eu for mãe...
> "Tentarei ajudar meus filhos com o amior apoio. Dar os meus filhos o maior carinho, amor e alegria, compreensão, respeito, dialogo, e procurar que os meus filhos tem um bom aproveitamento com os meus sentimentos. Principalmente ser eduacdo com todas pessoas que o rodeia."

Ser pai é...
> "Amar a criança do começo ao fim de sua vida, ajudar em todos os momentos que ela necessitar. É não rejeitar, pra mim dar o que a criança necessita e nunca tudo o que ela pede. Ser pai, é ser um responsável pelas vidas de sua mulher e seu bebê. Não discriminar a criança, porque ela veio menina e ele queria menino."

Ser mãe é...
> "Maravilhoso, amar, é estar do lado dando carinho, amor e principalmente proteção. Dando sua atenção, dedicação e passando também seu aprendizado. Sempre a mãe que fica mais ao lado do filho(a) ela tem mais conhecimento, isso pra mim já é privilégio."

Se algum dia eu for mãe...
> "Nao pretendo até hoje, porque eu não sei o dia de amanhã. Para ser mãe tem que ter uma responsabilidade, não somente ela e sim o casal ter também uma boa situação financeira. e também o psicoemocional. E se eu for pretendo fazer o que puder para minha filha(o)." (F., 15 anos, Itaberaí)

Ser pai é...
> "Acompanhar o filho desde a fecundação, até o fim da vida. É amar este filho, dar a ele todo carinho e proteção necessário para enfrentar a vida. E cuidar e educar o filho, é também estar preparado para mais uma mição que não terá um fim tão cedo."

Ser mãe é...
> "Amar e proteger o filho. É preparar o filho para o mundo é dar segurança em fim ser mãe é ser pau-para-toda-obra."

Se algum dia eu for mãe...

"Quero ser a mãe ideal. Mãe que cuide com amor e dedicação. Pois será uma mição eterna, quero preparar meu filho para o mundo e educa-lo para uma vida toda. Quero ser a mãe que seja pau-para--toda-obra." (F., 18 anos, Itaberaí)

Ser pai é...

"*Assumir uma plena responsabilidade* a partir do momento em que decidir ou sentir a necessidade de um fruto em nossa vida, assumindo não somente no momento, contando com o carinho, afeto e principalmente o amor para com a própria criança."

Ser mãe é...

"É um papél difícil e complicado, *pois é a principal responsável pela educação do filho e que está todo momento presente amparando com carinho.* Por isso ser mãe qualquer mulher é. Mas são poucas que assumem essa responsabilidade com o filho."

Se algum dia eu for mãe...

"Dedicarei o máximo possível ao fruto do meu ventre que um dia Deus pôde me conceder; ....com carinho e compreensão em todos os momentos possíveis que eu puder acompanhar."
(F., 19 anos, Itaberaí)

Ser pai é...

"Ser pai pode parecer ser muito fácil. Mas na verdade ser pai nào e'fácil e é também muito complicado. O pai desde os primeiros dias em que a mulher começa gestação *o pai deve acompamhar todos os movimentos da mulher, para que fique mais fácil a maneira de ser pai.* Ser pai é o começo de uma *vida nova.* Ou seja o começo de uma *vida diferente*."

Ser mãe é...

Ser mãe já é mais complicado. A mãe deve *ter seus cuidados com a criança* desde quando ela esteja em sua barriga. A mãe tem o trabalho de ser mais responsável pela criança do que o pai."

Se algum dia eu for mãe...

"Se algum dia eu for mãe vai ser muito difícil, mas apesar de tudo é muito bom, pois só de saber que você pode ter filhos já é maravilhoso. *Mas se for mãe quero educar, cuidar dele como se fossealguém que cuidasse de mim.* É claro que não seria só eu mas todos que quisesse me ajudar é claro que eu aceitava, e ficava agradecida com quem me ajudava." (F., 14 anos, Mirandópolis)

Ser pai é...
> "Ser carionso com a mãe e a criança e *saber cuidar do filho(a) e da mulher.* eu acho que é assim."

Ser mãe é...
> "Ser mãe eu acho que é muito bom so que *pensar que dentro dela outra vida* eu acho que e bom de mais."

Se algum dia eu for mãe...
> "Si isso eu vou ser otima. *Quero cuidar eu e meu marido sozinho* Quero que ele(a) gosta muito di mim e dele." (F., 19 anos, Mirandópolis)

Ser pai é...
> "Não é só tranzar ele tem que estar sempre atento com a mulher também não só tranzar ali e a parte dele esta pronta *ele tem que ajudar a mulher em tudo que ela precisar tem que ir ao medico com ela e assim por diante.*"

Ser mãe é...
> "*Gerar uma criança ela tem que cuidar muito bem da criança* ela tem que ir ao médico todos aos mês para o prenatal para ver se a criança esta bem também né porque a mãe tem que estar sempre boa e a mãe da tantos desejos."

Se algum dia eu for mãe...
> "Eu quero cuidar bem desta criança *eu vou pedir para o meu pai me ajudar a criar ele porque criar sozinha é muito difícil* porque a gente tem que ser bem cuidada. porque uma criança tem que ser bem cuidada porque a saúde de gente é muito importante." (F. , 13 anos, Mirandópolis)

Ser pai é...
> "O fato de pai ter o priemeiro filho *é uma alegria muito grande.* No meu modo de entender o homem quando fica sabendo que vai ser pai é demais."

Ser mãe é...
> "Ser mãe é uma coisa muito difícil, só o fato de ter que carregar o peso daquela barriga 9 meses é uma ....muito grande. Depois que nasce a mãe tem que *cuidar, mamentar, dar carinho e principalmente o amor* de mãe que é muito grande."

> Se algum dia eu for mãe...
> "Para mim é o dia mais feliz da minha vida.
> Meu filho será mais-omenos assim lorinho de olhos claros lindinho. Meu filho terá todo o meu carinho seria muito bem educado e nunca passaria pela minha cabeça em entregar ele a uma pessoa dsconhecida, as vezes uma pessoa malvada."
> *"A minha maior vontade é de ter um filho, e de poder falar este é meu filho."*
> "Eu fico olhando meus colegas que tem filhos, o carinho que eles transmite para aquelas crianças é tão bonito, que eu fico morrendo de inveja, e fico pensando como será minha vidade mamãe. Ser mãe deve ser tão bonito, ver seu filho te chamar de mamãe." (F., 16 anos, Mirandópolis)

Nos depoimentos apresentados anteriormente é possível identificar dezenove ideias que caracterizam as representações de maternidade e paternidade nos dois grupos. Ambos os grupos, independentemente do sexo, ultrapassam a visão de maternidade/paternidade biológica incorporando elementos psicossociais e revelando a forte vinculação tanto da experiência, como da expectativa de paternidade/maternidade com os valores da cultura em que estão inseridos. Ser pai ou mãe é sobretudo "ser responsável". Isso implica o reconhecimento, mesmo que implícito, de alguém a quem se deve responder, prestar contas.[6] Há nas entrelinhas dos textos produzidos

---

[6] Verificando o *Dicionário Aurélio* vamos encontrar as seguintes definições:

Responsabilidade: *s.f.1*. Qualidade ou condição de responsável. *2. Jur*. Capacidade de entendimento ético-jurídico e determinação volitiva adequada, que constitui pressuposto penal necessário da punibilidade. *Responsabilidade Moral. Filos.1*. Situação de uma agente consciente com relação aos atos que ele pratica voluntariamente. *2*. Obrigação de reparar o mal que se causou

Responsável: [do fr. *Responsable*] Adj. 2 g. 1. Que responde pelos próprios atos e pelos de outrem. 2. Que responde legal ou moralmente pela vida, bem-estar etc.de alguém. 3. Que tem noção exata de responsabilidade; que se responsabiliza pelos seus atos; que não é irresponsável. 4. Que dá lugar a, que é causa de (algo) – *S.2g*. 5. Pessoa responsável (por alguma coisa ou por alguém). 6. Indivíduo faltoso; culpado.

uma mensagem de que haverá algo ou alguém verificando a capacidade de exercer a paternidade/maternidade. Arilha, em seu estudo sobre masculinidade e reprodução, trabalhando com homens jovens e adultos, encontra também essa ênfase na "responsabilidade" como componente da masculinidade: "A análise do material obtido nas discussões dos grupos focais indicou que a palavra 'responsabilidade' está fortemente associada à concepção de 'homem'." (ARILHA, 1998)

Essa capacidade de ser responsável se traduz, na fala dos homens, em capacidade de "sustentar a família", garantir a "educação formal" dos filhos e de "apontar o caminho". A vivência da paternidade também é definida pelos grupos como "experiência de afetividade", de "partilha de vida" e "fonte de alegria".

Quadro 19

IDEIAS ASSOCIADAS AO EXERCÍCIO DA PATERNIDADE					
Nº	Ideia	Freq.	Nº	Ideia	Freq.
01	Assumir e cuidar da mulher e do filho.	21	11	Bater no filho.	1
02	Amor, carinho, estabilidade afetiva.	12	12	Oferecer segurança.	1
03	Fertilizar.	7	13	Sustentação da família.	1
04	Assegurar educação formal aos filhos	6	14	Dar exemplo de respeito.	1
05	Proteção da família.	2	15	Ser companheiro.	1
06	Aceitar a condição sexual dos filhos.	2	16	Dar atenção.	1
07	Realização pessoal.	2	17	Chefiar o lar.	1
08	Fidelidade à esposa.	1	18	Realizar uma missão.	1
09	Fidelidade ao filho.	1	19	*Mudar de vida.*	1
10	Oferecer conselho, orientação.	1			

Há várias referências à importância da participação do homem desde o princípio da gravidez, inclusive como preparação para o exercício pleno da paternidade, que pressupõe a presença do pai como fator de estabilidade afetiva. Essas constatações nos remetem à reflexão sobre o significado do filho na vida de um homem. Afirmar que o desejo da paternidade reflete a necessidade de uma descendência, a ampliação da força de trabalho na família – sobretudo quando se trata de populações rurais – e a afirmação da virilidade é insuficiente. Os dados deste trabalho e de outros estudos apontam que o componente emocional vem ganhando força quando se trata de explicar a paternidade. A paternidade é uma das possibilidades de estabilização emocional e afetiva que acelera a chegada na vida adulta.

Diante disso, cabe o questionamento sobre o crescente número de gestações entre adolescentes: seria pertinente supor que parte significativa dessas gestações é muito mais que mero acidente ou fruto da desinformação dos casais adolescentes? Não haveria uma conexão possível entre crise de identidade, pressão social no contexto de uma cultura em crise ético-moral aguda e a necessidade de mudança de lugar social que asseguraria o passaporte para o mundo adulto? Arilha nos oferece mais elementos para pensar sobre essas questões:

> Em todas as faixas etárias, no entanto, o que parece configurar a passagem da fase adolescente para a vida adulta é a incorporação de responsabilidades, que no caso dos homens está praticamente associado ao comportamento sexual e reprodutivo. O nascimento do filho e todas as implicações desse fato é que parecem determinar para o jovem do sexo masculino essa passagem. Fuller (1997) indica que a paternidade seria a consecução da fase adulta em sua plenitude, sendo através dela que o rapaz se converteria no centro de um novo núcleo social. A passagem da adolescência para a fase adulta teria como fator relevante, portanto, o filho. No entanto, este poderá ser absorvido de distintas maneiras, dependendo do tipo de vinculação afetiva e amorosa que for estabelecida. São, portanto,

concepções do campo do amor e da sexualidade que irão determinar comportamentos éticos e morais em relação a vida reprodutiva, e estes, por sua vez, vão determinar a percepção de si mesmos que os rapazes irão desenvolver... (ARILHA, 1998, p. 62, 63)

A fala das mulheres em relação à paternidade repete tais conteúdos. A ideia de "responsabilidade" é retomada nos discursos sobre a maternidade. Ser mãe é gerar, gestar e dar à luz, mas, sobretudo, é "cuidar" do filho, do marido e da casa. Subjacente a esta posição de que "mãe é esta mulher que cuida", está posta a função social da maternidade. O valor da "responsabilidade" na experiência feminina de ser mãe se traduz na capacidade de "cuidar" da prole e garantir sua sobrevivência afetiva. Concomitantemente, homens e mulheres se referem à vivência da maternidade romanticamente reproduzindo um ideal de "rainha do lar", no qual a mulher é o polo da estabilidade afetiva da família.

Quadro 20

IDEIAS ASSOCIADAS AO EXERCÍCIO DA MATERNIDADE					
Nº	Ideia	Freq.	Nº	Ideia	Freq.
01	Cuidar, dedicar-se ao filho.	10	07	Recusa do aborto.	3
02	Dar amor e carinho.	9	08	Cuidado da casa.	2
03	Gestação, privilégio.	7	09	Sofrimento, aceitação.	2
04	Mais difícil que ser pai.	6	10	Serviço.	1
05	Oferecer proteção.	3	11	Cuidado do marido.	1
06	Dar educação.	3	12	Segurança.	1

É interessante observar que a questão polêmica do aborto está colocada, na perspectiva da negação, somente no âmbito das mulheres, o que expressa uma posição de incompatibilidade entre maternidade e práticas abortivas.

A utilização de matérias jornalísticas, acerca de fatos reais, como estratégia para motivar sobre a contracepção se revelou bastante eficaz. Houve muito interesse na leitura e maior interesse ainda em relatar histórias de outros jovens que vivenciaram a experiência da gravidez indesejada ou não planejada. A opinião mais frequente em relação aos fatos citados reforça a necessidade de uma prática contraceptiva. Porém, nos casos de gravidez confirmada, a opinião de mantê-la é unânime, pelo menos no nível do discurso, pois ninguém apontou para a possibilidade do aborto.

Álbum seriado: discutindo a contracepção

Durante o debate sobre práticas contraceptivas e seus vários métodos através de álbum seriado, inclusive com a manipulação de alguns deles, algumas observações feitas pelos participantes durante o trabalho mereceram registro. A seguir, apresentamos algumas:

> "É muito difícil... (o método da ovulação). Na mulher podia vir uma luzinha avisando, que quando for tocada a luzinha ascende dizendo que não pode. (dias fertéis)" (M., z. rural)
>
> "Depois que o homem liga ele pode fazer outra cirurgia para voltar a engravidar a mulher?" Diante da resposta de que poderia se tentar, mas com pouquissíma chance de recuperação da capacidade reprodutiva, veio a reação: 'Não ligo não gente!'" (M., z. rural)

"O melhor é não transar, ou então, aquela hora que a mulher está no colo dá uma enfiadinha lá e masturba: é mais barato e mais seguro"(M., z. rural)

"Se o homem beber uma cartela dessas? O que acontece?" (M., z. urbana)

"Minha mãe ficou grávida de mim quando meu irmão tinha 3 mêses e ainda amamentava. Minha tia deu remédio a ela para abortar." (F., z. urbana)

"Quando se descobre a gravidez tubária? (M., z. urbana)

Se engravidar com DIU? Tem jeito de retirar o DIU?" (M., z. urbana)

"Quais são os sintomas da gravidez?" (M., z. urbana)

"A mulher percebe logo que está grávida?" (M, z. urbana)

"O filho é meu, o óvulo é meu." (F., z. urbana)

"Pode causar câncer (se referindo ao diafragma). Minha tia morreu e usava...feriu o colo do uétro." (F., z. urbana)

Minha irmã é ligada e casou novamente e queria ter filhos, passou para a Igreja de Cristo e disse que sentiu que Deus ia dar um filho para ela e estava grávida. Foi ao médico e o médico disse que nào tem bebê no útero não. Ela senti o nenem mexer. (F., z. urbana)

As intervenções, às vezes despretenciosas, dos adolescentes revelam a complexidade que marca a vivência das práticas contraceptivas. São inúmeros os fatores que determinam uma opção ou reopção de método ou estratégia contraceptiva. Trata-se de uma decisão que mobiliza sentimentos escondidos e enraizados em situações e fatos da história pessoal ou familiar.

Contracepção: manipulando o D.I.U.

O que dizem os dados quantitativos?

Os dados quantitativos de nosso estudo (RENA, 1996), realizado através de *survey* na mesma região, confirmaram a tendência de dar continuidade à gestação na adolescência mesmo que ela tenha ocorrido sem planejamento ou sem o desejo de engravidar. Para verificar as atitudes mais comuns frente a gravidez indesejada, trabalhamos com um caso hipotético. 41% da amostra total afirmam "conhecer algum casal de até 20 anos que ainda não tinha planos de casamento ou vida em comum e ocorreu a gravidez", ou seja, que se defrontaram com a questão da "gravidez não planejada".

Indagados sobre o encaminhamento que dariam a essa gravidez não planejada, caso estivessem no lugar da mulher, 38% dos adolescentes "não declararam" ou "não saberiam o que fazer"; outros 20% "continuariam o namoro deixando a criança nascer e, avaliando a possibilidade do "casamento posterior"; 15% "convenceriam o rapaz a assumir o casamento e a criança"; 15% "teriam a criança e a criaria sozinha"; 6% "teriam a criança para doá-la a alguém ou entregariam para a família criar"; 4% "fariam o aborto" e somente 2% "obrigariam o rapaz a se casar".

Quanto à atitude da mulher frente a gravidez não planejada, 39% das adolescentes "não declararam" (16,5%) ou "não sabiam" (22,5%) o que as mulheres devem fazer. No entanto, 40,5% optariam pela "continuidade da gravidez e do namoro" (21%) e por "assumir a criança sozinha" (19,5%). A ideia de buscar comprometer o parceiro, "convencendo o homem a se casar" (12%) ou "obrigando ao casamento" (2%) era a opinião de 14% da amostra.

Somando os percentuais de adolescentes masculinos que "não declararam" (24,5%) e que "não saberiam o que fazer" (11,5%) diante da gravidez não planejada – colocando-se na posição da mulher – verificou-se uma aproximação do índice encontrado na parcela feminina da amostra (36%) para as mesmas respostas. Isso significa dizer que a "desorientação" frente à gravidez não planejada ocorreu com a mesma frequência entre homens e mulheres. O dado mais significativo da leitura sob o recorte da variável "sexo" foi relativo a atitude de omissão e transferência da responsabilidade para a mulher. 24,5% dos adolescentes, se fossem a jovem do caso em questão, excluiriam o homem do processo: abortando (6%), mantendo a gravidez e entregando para "adoção" (3%), tendo a criança e deixando-a com a família (5,5%) e criando sozinha a criança (10,5%). Outro aspecto que merece atenção é o número significativo de homens (21%) que apontaram a opção pelo comprometimento compulsório do homem, "convencendo ou obrigando-o ao casamento".

Comparando as resposta dos subgrupos, segundo os "níveis socioeconômicos", encontramos índices semelhantes para as opções que obtiveram menores frequências. Porém, nas três opções mais frequentes surgiu um contraste, que revela que a condição social é um fator relevante para esse tipo de decisão: 23% dos adolescentes de N.S.E. "A" convenceriam o rapaz a se casar; 25% dos adolescentes de N.S.E. "B" manteriam a gravidez, teriam a criança e discutiriam sobre casamento depois; e 19% dos adolescentes de N.S.E. "C" teriam e criariam a criança sozinhos.

A capacidade de discernir e optar por uma atitude está relacionada ao processo de maturação. Quase a metade dos adolescentes na faixa de "10 a 12 anos" (46%) "não declararam" ou "não saberiam" o que fazer, sendo que 50% desse subgrupo declararam vida sexual ativa. Também é significativo o percentual de 39% dos adolescentes na faixa etária de "13 a 16 anos" que "não declararam" e que "não saberiam o que fazer", sendo que 35% desse subgrupo também declararam vida sexual ativa. No subgrupo de idade mais avançada, ou seja, de "17 a 19 anos", o índice relativo a essas duas opções que revelavam desorientação cai para 32%.

Comparando os subgrupos das áreas urbana e rural, verificou-se que as frequências das respostas são bastante próximas, exceto naquelas que revelaram desorientação frente ao problema da gravidez não planejada. Entre os adolescentes da "zona urbana", 19% "não saberiam o que fazer" contra 11,5%

da "zona rural"; e 29% dos adolescentes da "zona rural" "não declararam" contra 17% da "zona urbana".

Diante da mesma indagação, embora se colocando na posição masculina, 37,5% da subamostra compreendem que "o homem deve propor o casamento"; 33% "não declararam" ou "não sabem" que posição o homem deve assumir; 19% "incentivariam manter a gravidez dando o apoio necessário, mas sem promessas de casamento; 5% convenceriam a parceira ou apoiariam a decisão da mesma pelo aborto; 4,5% se omitiriam deixando para a mulher a responsabilidade da decisão.

O percentual (33%) de adolescentes de ambos os sexos que "não declararam" ou "não sabem" que atitude deve tomar o jovem da situação de gravidez não planejada apresentada no questionário também se aproxima do índice encontrado para a atitude feminina frente a mesma situação. Entretanto, a expectativa das mulheres em relação a atitude masculina é evidente: 49% das adolescentes consideraram que o jovem deveria propor ou forçar o casamento, enquanto 25% dos adolescentes pensam da mesma forma. Eles optaram pela manutenção da gravidez, apoiando-a, embora sem projeto de vida comum, 25% da amostra; e outros 17% da subamostra masculina apontaram para o jovem atitudes que implicariam maior responsabilidade ou risco para a jovem, "convencendo ou apoiando" a decisão pelo "aborto" (9%), ou deixando à jovem, "a responsabilidade de decidir sozinha"(8%).

"Propor o casamento" foi a atitude mais apontada para o jovem em todos os "níveis socioeconômicos". Porém, entre os adolescentes de N.S.E. "A" (41%) e "B" (39,5%) essa ideia foi mais frequente que entre os adolescentes de N.S.E."C": 33%.

Em relação à necessidade de discernir e tomar decisões como homem no caso em questão, os dados revelaram uma desorientação e dificuldade de encarar esse tipo de situação em todas as "faixas etárias" com as mesmas características descritas acima para a posição da mulher: 49,5% dos adolescentes na "faixa etária" de "10 a 12 anos", 30% dos adolescentes de "13 a

16 anos" e 28% dos adolescentes de "17 a 19 anos" "não declararam" ou "não sabem" o que fazer. Já na distribuição por "níveis socioeconômicos", a atitude de "propor o casamento" foi a mais frequente em todos os níveis, sobretudo no NSE "A" e "B" (41%).

Essa mesma opção é amplamente majoritária nas áreas urbana e rural com uma predominância entre os adolescentes da "zona urbana" (40%) contra 30% na "zona rural". Foi significativo também o percentual de adolescentes da "zona rural" que "não declararam" (30,5%), contra 17% na "zona urbana".

Os dados evidenciam uma atitude de discriminação de gênero que é culturalmente reproduzida, e quanto mais jovem, maior o grau de intransigência na conservação de certos tabus e preconceitos. Isso implica refletir mais sobre a relação entre as duas posturas: a masculina que busca proteger e conservar determinados privilégios e a feminina que mantém uma expectativa de exercício da masculinidade como exercício de poder e superioridade.

No entanto, observou-se também que em alguns aspectos há uma tendência de inversão dessas posturas, o que origina a seguinte questão: que fatores e condições determinam as posturas nesse jogo das relações de gênero? Como se processa o movimento entre a predominância masculina, o equilíbrio e a predominância feminina?

Os dados estatísticos confirmaram a necessidade de uma ação educativa abrangente nessa região de Goiás no que se refere à prevenção da gravidez indesejada na primeira relação sexual. Cerca de dois terços da subamostra – 23,5% do total da amostra – independentemente da faixa etária, da situação domiciliar e do NSE, declararam que fizeram uso de contraceptivo na primeira relação. A diferença aparece somente entre os sexos, sendo significativamente maior o número de homens que declararam o uso de contraceptivo: 69,5%; entre as mulheres: 51%.

Todavia, quando indagados sobre qual o método contraceptivo foi utilizado, 30% não declararam, 18% apontaram o "coito interrompido" e 6% a "lavagem vaginal". Indiscutivelmente, "coito interrompido" e "lavagem vaginal" são práticas contraceptivas largamente utilizadas, sobretudo entre adolescentes de NSE mais baixos. Porém, considerando-se também que estas práticas são métodos de baixa eficácia, podemos concluir que menos da metade – através do "condom" (32%) e da pílula (12%) – vivenciaram a primeira relação com menores riscos de gravidez.

O "condom" é utilizado com igual frequência entre adolescentes, de todas as faixas etárias, de todos os NSEs e das áreas rural e urbana. O contraste se apresentou quando comparamos os dados segundo o sexo. Se os homens declararam mais o uso do "condom" (54%), as mulheres apontaram o "coito interrompido" (37%) como os métodos prevalentes na primeira relação.

Como uma segunda opção depois do "condom", o "coito interrompido" foi praticado igualmente nas áreas rural e urbana em todos os NSE, com maior frequência entre os(as) adolescentes do NSE "B" (29%). Quanto à faixa etária, havia uma predominância desta prática entre adolescentes de 10 a 12 anos (31%) e 17 a 19 anos (29%), contra 18% na faixa de 13 a 16 anos.

A "pílula" ocupava o terceiro lugar na preferência como método contraceptivo nesse subgrupo de nossa amostra, bem como na preferência de homens e de mulheres tanto na zona urbana como na zona rural. No entanto, o percentual de adolescentes do NSE "A" (29%) se destacou em relação aos outros níveis: "B" e "C" e sob o recorte da faixa etária a "pílula" passou a ser a segunda opção entre adolescentes de 13 a 16 anos.

Oitenta e três por cento responderam a questão – com dez possibilidades de respostas – que procurava identificar os motivos para a não utilização de contraceptivo na primeira relação. Dentre as razões declaradas, a mais frequente (37,5%) foi a "imprevisibilidade" que marca este momento importante na vida do(a) adolescente. A segunda razão mais frequente apontada por aqueles(as) que responderam à questão é a "inexistência de preocupação" com esse aspecto da vida reprodutiva sendo o "desconhecimento" dos métodos a terceira maior causa para a não utilização de contraceptivo.

A primeira relação ocorreu de forma "inesperada" com quase a mesma frequência para homens e mulheres, sobretudo na faixa etária de 17 a 19 anos. A postura de "despreocupação" com a possibilidade da gravidez ou com a necessidade da contracepção também se manifestou com índices quase idênticos entre os dois sexos tal qual entre as faixas etárias de 10 a 14 anos e 15 a 19 anos. A diferença mais significativa, segundo o sexo, estava colocada em relação ao conhecimento dos métodos, sendo que 15,5% dos homens declararam seu não conhecimento dos métodos contraceptivos, enquanto entre as mulheres o índice se aproxima de zero: (1%).

Contudo, os dados do *survey* (RENA,1996) revelaram que a cultura da contracepção já foi incorporada pela maior parte (57,5%) do subgrupo da amostra que tem vida sexual ativa. Dentre as estratégias de contracepção utilizadas, o "condom" foi o mais utilizado (32%). No entanto, os dados também apontam para um subgrupo significativo (23,5%) que não utilizavam nenhum método.

Assim como na primeira relação o "condom" foi o método mais utilizado entre os homens com vida sexual ativa, entre as mulheres o "coito interrompido", que apresentava maior frequência na primeira relação, passava a ser a terceira opção depois da "pílula" e do "condom", sendo utilizado por apenas 11,5% das adolescentes. Quase não há diferença entre os percentuais de adolescentes de ambos os sexos que não usavam nenhum método: 24% entre os homens e 22,5% entre as mulheres.

A utilização do "condom" ocorreu com maior frequência entre adolescentes dos N.S.E. "A" e "B". Entre adolescentes de N.S.E. "C", o maior subgrupo foi formado pelos que não utilizavam método contraceptivo, sendo o "coito interrompido" a segunda opção para prevenir a gravidez. Percebeu-se também que são significativos os índices de não utilização de contraceptivos entre adolescentes dos "níveis socioeconômicos" superiores .

Sob o recorte de "faixa etária", notamos que, entre adolescentes mais novos, 28,5% não utilizavam contraceptivos, 38% não declararam, 13% adotaram o "condom" e os demais faziam uso da "pílula", "coito interrompido", "lavagem vaginal", e "outros". Entre adolescentes mais velhos, o índice de não utilização caía para 19%. Outros 36% declararam a utilização do "condom". A segunda opção era o "coito interrompido" seguido da "pílula", da "lavagem vaginal" e "outros". 12,5% não declararam o método contraceptivo que utilizavam em suas relações.

Percebe-se, assim, que a maioria dos adolescentes participantes da amostra desse estudo, com vida sexual ativa, se esforçou em prevenir a gravidez não planejada. Porém, considerando que as estratégias do coito interrompido e da lavagem vaginal constituem práticas contraceptivas de baixa eficácia e que é muito comum encontrar adolescentes fazendo o uso da pílula de forma incorreta e sem orientação médica, podemos afirmar que, na verdade, a maioria dos adolescentes com vida sexual ativa estava desprotegida da gravidez indesejada no exercício pleno de sua sexualidade.

A amplitude e a complexidade da discussão sobre paternidade e maternidade é de tal monta que mereceria o desdobramento em quatro "Oficinas": concepção e contracepção, maternidades, paternidades e formações familiares. O uso do plural nesses três últimos termos indica nossa convicção de que não há mais como insistir em modelos únicos quando se trata desses fatos biopsicossociais, mesmo que indentifiquemos modelos hegemônicos. O espaço de uma "Oficina" foi insuficiente para elaborar adequadamente com os grupos o farto material produzido e a gama de sentimentos experimentados na trajetória de cada um. No entanto, foi oportuno abordar a temática no momento em que ambos os grupos já se encontravam em um estágio de maturação enquanto grupo, suficiente para que as pessoas pudessem lidar com estas questões de forma mais tranquila e segura.

Oficina 6: O exercício da sexualidade: entre a saúde e a doença

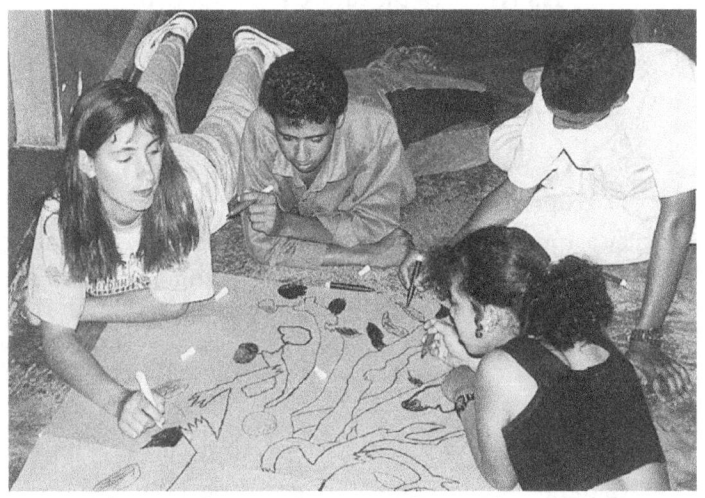

"Construindo árvores" para entender a saúde e a doença

Ah, como dói viver quando falta a esperança!
(Manoel Bandeira)

Favorecer uma reflexão sobre a relação entre saúde e sexualidade foi o objetivo principal desta oficina. A realização desse objetivo implica uma revisão dos conceitos/fatores de saúde e doença de modo a oferecer uma visão alternativa que reconheça a dimensão sociocultural da saúde e da doença. A abordagem das questões relacionadas as DSTs. e AIDS ocorreu a partir da ideia de que a sexualidade é, a princípio, fonte de saúde e que a incorporação de procedimentos e cuidados simples podem assegurar que a sexualidade siga como fonte de saúde por toda a vida.

As Árvores da saúde e da doença: revisando os conceitos de saúde e de doença[1]

Primeiro momento: identificando os fatores da doença e da saúde

O grupo foi dividido em dois. Ao primeiro grupo, foi solicitada, uma lista dos fatores de saúde e das consequências ou frutos de uma vida com saúde. Ao segundo, foi solicitado o mesmo procedimento, mas em relação à doença.

Segundo momento: desenhando as árvores

Cada grupo desenhou, em papel de 1,0 x 1,5m, uma árvore: a "árvore da saúde" e a "árvore da doença".

Terceiro momento: discutindo os fatores e buscando relações

Solicitou-se a cada grupo que escrevesse os fatores apontados na lista elaborada no primeiro momento dentro da árvore, considerando-se a seguinte relação:

---

[1] Minha autoria.

a) Nas "raízes" e sob o solo, aqueles fatores que normalmente as pessoas não identificam, mas que estão na base do processo saúde/doença.

b) No "tronco", foram escritos aqueles fatores mais visíveis e importantes e que são considerados como imprescindíveis.

c) Nos "galhos", estavam os fatores importantes, mas que poderiam ser dispensados.

d) Os frutos foram identificados com os resultados de uma vida com saúde ou doença.

Quarto momento: confrontando os trabalhos

Os painéis contendo os desenhos das árvores da saúde e da doença foram afixados na parede e todos foram estimulados a observar atentamente os dois trabalhos, comparando-os e verificando as semelhanças e as diferenças.

Quinto momento: sistematizando o conhecimento

Em debate aberto, os adolescentes colocaram suas opiniões sobre cada uma das árvores, expondo suas dúvidas e questionamentos em relação ao cuidado com a saúde e a prevenção das doenças. Encerrou-se com os comentários do educador.

DSTs: os mitos e a realidade

Primeiro momento

Verificou-se através da "técnica do cochicho" o nível de informação do grupo sobre o tema a partir de duas questões para debate:

O que são as DSTs.?
Quais são as DSTs.?

Segundo momento

As contribuições dos participantes foram recolhidas e sistematizadas no quadro. O debate se processou a partir das contradições e dos questionamentos dos educadores.

Terceiro momento

Através do debate orientado, o grupo ofereceu resposta a outras três questões fundamentais:
Quais são os fatores de risco?
Quais são as formas de prevenção?
Quando procurar o serviço de saúde?

AIDS/SIDA: traduzindo em bom português

Primeiro momento

O educador fez uma rápida exposição sobre a história da doença, bem como de sua geografia mundial, incluindo os últimos dados de Goiás. Enfatizou-se a ideia da capacidade de penetração do vírus HIV nos diferentes segmentos sociais e a superação da ideia de "grupo de risco".

Segundo momento

Cada um dos participantes foi estimulado a produzir um desenho que significasse a AIDS: Para você, qual é a cara da AIDS?

Terceiro momento

O grupo foi subdividido em pequenos grupos de discussão (Gds.). Cada um apresentou seu desenho e ofereceu sua contribuição para responder duas questões:
a) Como uma pessoa pode ser contaminada com o vírus HIV?
b) Como uma pessoa pode evitar a contaminação?

Quarto momento

Em reunião plenária, cada grupo pôde partilhar com os demais o resultados da sua reflexão e os seus desenhos. No contexto da discussão, os educadores enfatizaram, principalmente, três ideias:

a) A necessidade de *superação do preconceito* e do *isolamento*, seja nos casos de DSTs curáveis,ou casos de portadores de HIV.

b) A importância de construir no âmbito das relações afetivas a *capacidade de negociação* para o *sexo seguro*.

c) A única vacina é a *informação correta* e a *solidariedade* com o outro.

A oficina foi encerrada com a distribuição da cartilha "O que é preciso saber sobre as DSTs".[2] e os prospectos ilustrados "AIDS" e "AIDS: assim se pega; AIDS: assim não se pega".[3]

Avaliando os resultados

A "Dinâmica das Árvores" foi assumida com muito interesse pelos dois grupos e, de certa forma, como uma diversão. A dificuldade maior foi de relacionar as partes da árvore com a natureza dos fatores presentes na lista elaborada. Durante a apresentação, os educadores interviram com frequência para enriquecer os trabalhos e ajudar o grupo a superar uma visão fatalista ou biologicista da doença. Contudo, os grupos demonstraram surpresa quando compreenderam a forte relação entre saúde e contexto social, político e cultural. Vasconcelos, quando discute em seu trabalho os caminhos da educação popular em saúde, afirma:

"Sabe-se que a maioria dos problemas de saúde que sofrem as populações pobres deve-se à sua situação de marginalidade em relação ao consumo de certos bens (alimentos,

---

[2] Ferreira, Osvaldo M. e outros, Casa Publicadora Brasileira, SP, 1994.

[3] DER/MG – Departamento de Estradas e Rodagem – Governo de Minas

Confrontando os conceitos de saúde e doença

vestuário, moradia etc) e serviços (abastecimento de água, canalização de esgotos, atenção médica etc). Essa situação faz parte de um quadro de carência geral que leva aquela população a ter uma baixa qualidade de vida e saúde.

> Embora se saiba que a marginalidade é uma situação decorrente da forma de organizar a sociedade e a economia, para estas populações tudo se apresenta como um problema muito concreto e urgente de sobrevivência imediata. Para elas a grande questão é como fazer para buscar a cada dia o mínimo para se manter em pé e para ir aos poucos aumentando o nível de consumo. Esta busca é feita dentro dos limites de sua maneira de pensar. Uma maneira de pensar que em grande parte foi imposta, geração após geração, pela dominação econômica, política e cultural....A grande preocupação é sim, contribuir para que os problemas possam ser compreendidos para além de suas manifestações individuais e imediatas, de modo que a busca de soluções se dê de forma mais profunda. (VASCONCELOS, 1988, p. 87,88)

Podemos afirmar que a Dinâmica das Árvores possibilitou a compreensão do fato de que um vírus, uma bactéria ou um micro-organismo necessita de condições adequadas para se instalar na vida de alguém. Ficou claro para os adolescentes que a quantidade ou intensidade dos danos resultantes da ação nefasta do agente agressor, bem como das possibilidades reais de enfrentamento do mesmo, dependerá do seu lugar social. Aqui, insistimos na ideia de que, assim como a sexualidade, a saúde e a doença também são socialmente construídas. A partir dos vários relatos de doenças na comunidade – que culminarão em óbito ou não – oferecidos pelos adolescentes, concluímos também que naquele contexto de comunidades empobrecidas e desassistidas as respostas possíveis e a superação das doenças são também socialmente articuladas.

Quadro 21
ZONA URBANA

	ÁRVORE DA SAÚDE	ÁRVORE DA DOENÇA
R A I Z	- boas condições de moradia. - salário bom. - boa educação. - trabalho. - honestidade. - estar de bem com a vida.	- falta de recursos, más condições de moradia. - más condições de saúde. - péssimos salários – desemprego. - falta de educação – corrupção. - trabalho indigno (não se sente bem no trabalho).
T R O N C O	- boa alimentação – equilibrada. - higiene. - prevenção. - informação. - serviço de saúde eficaz. - honestidade.	- alimentação fraca – desequilibrada. - falta de higiene. - falta de proteção – de cuidados. - desinformação – deformação. - falta de serviço de saúde. - corrupção.
G A L H O S	- medicamentos de boa qualidade. - lazer. - bom serviço de saúde. - medicamento bom e barato.	- falta de compreensão. - solidão. - medicamento caro ou falta de medicamento.
F R U T O S	- saúde. - felicidade. - participação. - alto-astral. - amor.	- solidão. - doenças. - infelicidade. - depressão. - desamor.

Quadro 22
ZONA RURAL

	ÁRVORE DA SAÚDE	ÁRVORE DA DOENÇA
R A I Z	- salário bom. - emprego bom. - moradia decente.	- falta de terra para trabalhar. - salário baixo. - péssimas condições de higiene. - falta de informação – educação fraca.
T R O N C O	- boa alientação. - higiene. - assistência médica.	- medo, vergonha. - alimentação precária/desequilibrada. - sujeira, falta de higiene. - solidão.
G A L H O S	- vacina. - remédios.	- gastos com remédio. - falta de medicação. - remédio caro. - falta de serviços de saúde.
F R U T O S	- lazer. - praticar esportes. - disposição para estudar. - felicidade.	- doenças. - anemia. - desnutrição. - tristeza. - morte..

Quando indagados sobre a relação entre exercício da sexualidade e possibilidade doenças, entre os grupos – rural e urbano – a primeira resposta foi AIDS. As doenças venéreas foram citadas aos poucos. Na zona rural, foi preciso ajudar o grupo a fazer o levantamento das DSTs mais comuns.

Cada uma das doenças foi ponto de discussão entre os participantes no que se refere às vias de transmissão; aos primeiros sinais e primeiros cuidados; formas de prevenção e aspectos do tratamento. Observou-se que as mulheres se mantiveram em silêncio a maior parte do tempo, como se DSTs fosse um tema para conversa entre homens.

Quadro 23

DOENÇAS SEXUALMENTE TRANSMISSÍVEIS PELOS GRUPOS	
ZONA RURAL	ZONA URBANA
- Gonorreia. - Crista de galo (condiloma). - Sífilis.	- Gonorreia. - Crista de galo (condiloma). - Sífilis. - Candidíase. - Chato. - Cancro.

A "cara da AIDS" foi reproduzida de diferentes formas. Os adolescentes da zona urbana se utilizaram de caveiras, sinal de "PARE", tendo ao fundo testículos e pênis com secreção, vírus HIV na forma de bactérias, mãos em posição de "PARE".

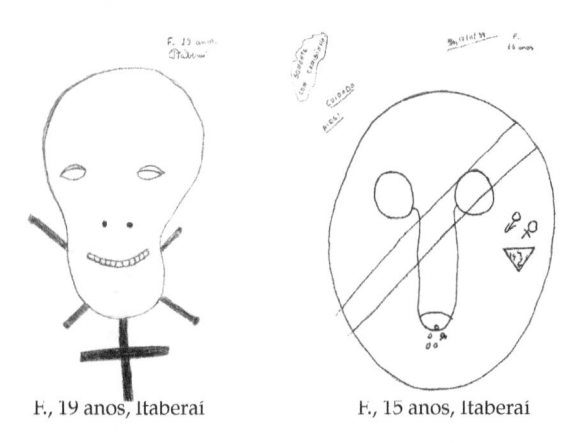

F., 19 anos, Itaberaí   F., 15 anos, Itaberaí

A mais significativa traz um desenho de uma mão com traçado descontínuo, tendo, ao fundo, a imagem de um homem frágil e mutilado, mas com um coração vigoroso. De forma muito criativa, este adolescente foi capaz de comunicar que a presença do vírus que mutila e apaga aos poucos ainda não é a morte. A vida está ali, representada no coração vigoroso e destacado. Entre os adolescentes da zona rural, a AIDS tem a imagem do vírus HIV na forma de bactérias, do vírus HIV na forma de pessoas deformadas e monstruosas, de pessoas deprimidas e fragilizadas que se revelam soropositivas, da seringa de sangue infectado, da escuridão.

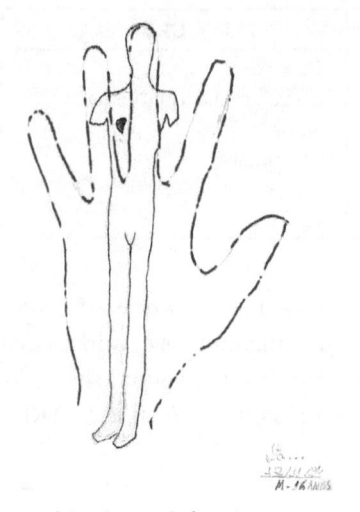

M., 16 anos, Itaberaí    F., 18 anos, Itaberaí

M., 15 anos, Mirandópolis 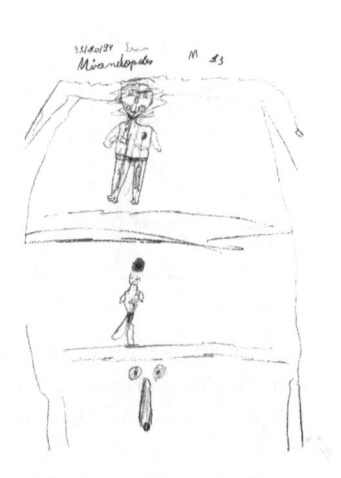   M, 13 anos, Mirandópolis

No conjunto dos trabalhos da zona rural, dois chamam a atenção pela criatividade e pelo conteúdo. O primeiro é estruturado em três planos. No primeiro plano, está a pessoa soropositva em pé de igualdade com vírus HIV, no segundo plano, a pessoa que desenvolveu a doença está fragilizada e dominada pelo vírus HIV posicionado sobre a sua cabeça e, no terceiro plano, a pessoa está reduzida aos olhos e ao pênis. O segundo trabalho consiste em uma grande mancha escura que ocupa todo o espaço do papel, denunciando a falta absoluta de perspectiva de cura.

M., Mirandópolis   M., Mirandópolis

A condução do trabalho dessa forma nos permitiu ir além da informação técnica necessária ao exercício da sexualidade com segurança e sem medo. Na brincadeira do desenho livre, os adolescentes expuseram suas representações da AIDS, revelando que suas significações da epidemia também são perpassadas pelo que está posto no imaginário social. Borges, ao refletir sobre a construção social da doença em seu estudos sobre doentes renais crônicos, afirma:

> a doença é a realidade individual e social mais próxima dos dois momentos essenciais da vida humana, o nascimento e a morte, e que não existe sociedade onde esses dois eventos não sejam de alguma forma ritualizados. Penso a doença então no sentido de Augé, como um dos três eventos elementares e, como tal, privilegiado para receber um tratamento simbólico particular... A doença

é uma prova por excelência e a ocasião, por regra geral, de uma forte mobilização social. (BORGES, 1995, p. 370)

A abordagem – no que se refere à prevenção de AIDS – da população adolescente vivendo em áreas rurais é tão necessária e urgente quanto nas grandes cidades.

O que dizem os dados?

Os dados de nosso estudo quantitativo (RENA, 1996) apontam para um quadro preocupante. Dos adolescentes que responderam ao questionário, 31% declararam vida sexual ativa. Nesse subconjunto, 11% não declararam a frequência de suas relações; 6% mantinham relações com uma frequência mensal, 5% com frequência semanal e 5% com frequência diária. O destaque localiza-se naquela parcela da subamostra que declarou relações eventuais: 60%.

Buscando traçar o perfil deste subgrupo da amostra que declarou vida sexual ativa, podemos afirmar que é um grupo majoritariamente masculino, com uma predominância da faixa etária de "17 a 19 anos", mas com índices significativos nas outras faixas etárias, igualmente distribuídos entre as áreas urbana e rural e entre os três níveis socioeconômicos estabelecidos para este estudo.

Quanto ao estilo de vida sexual, 76% declararam relações exclusivamente heterossexuais, 6% relações bissexuais, 2% relações exclusivamente homoeróticas e 16% não informaram a orientação do desejo sexual.

O homoerotismo e a bissexualidade estavam presentes na experiência sexual de 8,5% dos homens e de 6% das mulheres. Entretanto, esse equilíbrio na distribuição dos dados quanto à vivência do homoerotismo não se repete quando retomamos a leitura sob o recorte das outras variáveis de controle. A vivência do homoerotismo e da bissexualidade apareciam numa frequência significativa entre adolescentes de N.S.E. "A" e entre residentes da "zona rural".

A ocorrência de experiências homoeróticas no início da adolescência é compreendida por diferentes autores como inerente ao processo de adolescer. Paradoxalmente, a mesma sociedade que reprime e pune os contatos sexuais com a pessoa do mesmo sexo promove a formação do grupos de iguais, criando as condições para que experiências homossexuais venham ocorrer. Nessa fase de transição e de maturação psicossexual, acontecem jogos sexuais com ênfase homoerótica. Estamos diante de uma situação em que o adolescente está aprendendo a ser sensual e a sua sexualidade apresenta características como prazer em se exibir ou se deixar estimular pela curiosidade da aparência do próprio corpo e do corpo do outro. A crise da adolescência coloca a possibilidade da manifestação da bissexualidade original que Freud afirma ser inerente ao indivíduo. (FREUD, 1925)

Isso tende a constituir experiência conflitivas pois o jovem necessita testar sua heterossexualidade como prova de afirmação de sua masculinidade, cobrada pelos pais e pela sociedade. Esses conflitos podem surgir a partir de fantasias homoeróticas ou mesmo de atração pelo mesmo sexo. (COSTA, 1986)

As relações anais faziam parte da experiência afetivo-sexual de 27% dos adolescentes de ambos os sexos, que compõem a subamostra daqueles(as) que já haviam se iniciado na vivência genital da sexualidade. Os dados apontaram uma maior frequência de relações anais entre os(as) adolescentes de NSEs "B" e "C".

Setenta e sete e meio por cento desse grupo com experiência de relações anais informaram a frequência com que incluem essa prática em suas relações genitais, destacando-se o grupo que declarou constância de relações anais (34%). O segundo maior grupo era formado por aqueles(as) que mantinham relações anais "eventualmente" (31%), sendo que 13% declararam uma única relação anal até aquele momento.

Na releitura dos dados, comparando as respostas de homens e mulheres, encontramos um percentual significativo de mulheres que "não declararam" (38%) a frequência de relações anais, enquanto que, para os homens, esse mesmo índice está localizado na resposta que revelou relações anais "eventuais". A vivência de "muitas" relações anais com uma certa constância foi assumida por 47% *dos* adolescentes contra 8% *das* adolescentes. Se, por um lado, os dados apontavam as relações anais frequentes como uma prática eminentemente masculina, por outro, os dados também revelaram que um grupo significativo *das* adolescentes (36,5%) vivenciaram pelo menos uma experiência de relação anal. No entanto, entre os adolescentes, somente 0,8% declararam uma única relação anal. Esses dados confirmam que, para os homens, é mais frequente a incorporação da relação anal no conjunto de seus costumes sexuais.

A vivência de relações anais está presente em todas as faixas etárias, mas se destacaram as faixas mais jovens. Cerca de 42% dos(as) adolescentes que declararam "muita frequência e constância" estão localizados entre 10 e 16 anos. As relações "eventuais" apareciam com maior frequência na faixa de 13 a 19 anos, e "uma única relação" teve maior índice na faixa etária de 17 a 19 anos. Paiva, em seu estudo com adolescentes da cidade de São Paulo, encontrou dados semelhantes e vai além quando afirma:

> A relação sexual com penetração anal, da alto risco para AIDS, começa mais cedo e não é vista como arriscada pelos alunos de primeiro grau. Além disso, durante as oficinas, mostram que confundem a eficiência do sexo anal para evitar gravidez com eficiência do sexo anal para evitar AIDS." (PAIVA, p. 222)

O percentual de adolescentes que mantinham relações com múltiplos parceiros eleva-se para 47% se excluírmos aqueles que não declararam. Os homens representavam a maioria: 51% declararam "duas" ou "mais de duas" parceiras sexuais, contra 8,5% das mulheres. Quanto a "faixa etária", o subgrupo de "13 a 16 anos" apresentava a maior frequência de múltiplos parceiros.

Verificou-se que 58,5% dos(as) adolescentes com vida sexual ativa envolvidos com "mais de dois parceiros" não faziam uso do "condom". 70% daqueles que mantinham relações com dois parceiros também não faziam uso do "condom". Esses dados revelaram que um grupo grande de adolescentes mantinha uma conduta de risco sem a devida proteção contra DSTs e AIDS. Se os dados apontavam para uma preocupação com a prevenção da gravidez indesejada, por outro lado, também demonstravam uma atitude contrária em relação às DSTs. e AIDS. Mesmo entre aqueles e aquelas que estabeleciam relações com mais de um parceiro, o "condom" era incorporado por um grupo minoritário. Essa situação apontava para a necessidade de maior investimento na educação para o exercício da sexualidade sem que se tivesse que colocar a própria vida e a dos outros em risco.

Oficina 7: A vida nas oficinas; as oficinas na vida de cada um

O jogo ludisex como estratégia de avaliação

Tudo vale a pena
Quando a alma não é pequena.
(Fernando Pessoa)

Esta última oficina constituiu-se de três momentos para verificação dos resultados obtidos pelos grupos. As estratégias de avaliação selecionadas permitiram uma avaliação mais qualitativa que quantitativa da experiência de aprendizado que significou o "Projeto Adolescer". Considerando a necessidade de avaliar as repercussões do trabalho nos dois níveis, cognitivo e afetivo-emocional, optamos por dois jogos cuja dimensão lúdica ameniza a tensão e a ansiedade inerentes aos processos avaliativos. Já na abertura da oficina, foi enfatizado o caráter pedagógico dessa oficina de avaliação, isto é, mais do que verificar rendimento, o importante era identificar os erros e aprimorar os instrumentos utilizados na ação educativa.

Resgatando a nossa história como Grupo[1]

Primeiro momento: revendo a experiência

O grupo foi convocado a montar um "mural fotográfico", resgatando os temas refletidos e recordando as vivências que ocorreram durante as seis oficinas nos quatro meses em que o "Projeto Adolescer" aconteceu. O material fotográfico utilizado no mural foi produzido pela equipe do Projeto durante o desenvolvimento das dinâmicas em cada uma das oficinas.

Segundo momento: resgatando a história do grupo

Com a ajuda da equipe os grupos reconstruíram a história oralmente. Cada um foi buscando na memória os momentos mais marcantes de cada Oficina, até que se resgatasse o tema central de cada uma.

Terceiro momento: montando o mural

Divididos em pequenos grupos, os adolescentes receberam os álbuns das fotos correspondentes a cada Oficina para que pudessem montar o mural fotográfico.

---
[1] Minha autoria.

Quarto momento: memória em imagens e palavras

O mural foi organizado incluindo palavras e expressões significativas relacionadas aos conteúdos abordados durante as Oficinas.

Quinto momento: socializando a experiência

O mural foi fixado na parede da escola onde ocorreram as Oficinas.

Revisando nossas informações e nossas atitudes[2]

Como estratégia para avaliar o conhecimento do grupo e a tendência das atitudes, oferecemos a possibilidade de brincar com o Jogo Ludisex.[3] Os procedimentos foram os mesmos estabelecidos pela regra básica do jogo que implica em perguntas e respostas sobre a vivência sexual e reprodutiva. Com a ajuda das auxiliares, registramos as questões de natureza informativa respondidas de forma incorreta e aquelas de opinião que mereceriam ser problemetizadas para maior aprofundamento.

As Oficinas na vida de cada um(a)[4]

Nesse momento, a avaliação foi dirigida para a experiência de cada um dentro das oficinas. A questão básica a ser respondida era: Qual foi o significado das oficinas na minha vida pessoal? Para responder a esta questão foi utilizada uma técnica de Psicodrama Pedagógico denominada "Jogo de Sucata".

Primeiro momento: criando o clima

Os participantes foram convidados a se acomodarem ao redor de uma mesa. Durante alguns minutos, o grupo foi

---

[2] Minha autoria

[3] Elizário, Cynthia C. e Rabelo, Valéria T., *Ludisex – O Livro que ensina o Jogo Apaixonante do Sexo*. Belo Horizonte: Editora Lê, 1990.

[4] Dinâmica vivenciada por este autor durante sua formação em psicodrama pedagógico junto a Sociedade Goiânia de Psicodrama - 1993.

conduzido ao relaxamento através do controle dos movimentos da respiração.

Segundo momento: jogando com a sucata

Fazendo uso de música instrumental adequada, o educador, silenciosa e lentamente, colocou sobre a mesa o conteúdo de uma caixa de material sucateado: objetos ou parte de objetos das mais diversas funções sem utilidade.

Terceiro momento: explorando a sucata

Os adolescentes, ainda em silêncio e ao som da música, foram convidados a observar atentamente cada uma das coisas que estavam sobre a mesa.

Quarto momento: buscando símbolos

Foi solicitado a cada participante que apanhasse aquele objeto que melhor significasse a experiência vivenciada nas Oficinas.

Quinto momento: comunicando os sentimentos através da sucata

Suspendendo-se a música, os adolescentes foram convidados a partilhar a sua escolha e a oferecer sua avaliação pessoal da experiência.

A mensagem final[5]

Como encerramento do "Projeto Adolescer", o grupo foi convidado a participar da "Dinâmica do Cartão".

---

[5] Estratégia sistematizada pela equipe de formação cristã do Colégio Marista Dom Silvério no período de 1984-1987, da qual este autor era integrante.

Primeiro momento

Cada participante recebeu uma folha de papel ofício que deveria ser dobrada ao meio como um cartão de natal. Na capa, cada um deveria escrever o nome e desenhar algo com o qual se identificasse.

Segundo momento

Cada um dos participantes entregou seu cartão para o colega da direita. Este deveria deixar no interior do cartão sua mensagem para o colega que o produziu e, em seguida, passar novamente o cartão para o colega da direita. Assim, cada um dos cartões passou por todos os participantes e todos escreveram mensagens.

Avaliando os resultados

O "Mural Fotográfico" cumpriu sua função de revisão das atividades desenvolvidas e possibilitou uma visão do todo. Todos se envolveram ativamente com o trabalho de montagem e demonstraram muita satisfação com o caminho percorrido. Durante esse momento de olhar para a história do grupo, alguns já expressavam sentimentos positivos em relação a experiência.

Resgatando a história do grupo

O registro fotográfico, além da sua função de documento histórico, permitiu aos adolescentes do "Projeto Adolescer" a possibilidade de se verem atuando no âmbito das oficinas. Alguns se perguntavam se eram eles mesmos que estavam ali, naquela situação, com todos a observá-lo.

O ambiente de descontração e alegria proporcionado pelo Jogo Ludisex foi de fundamental importância para uma presença mais aberta e descontraída na avaliação do nível de conhecimento dos participantes. O grupo da zona urbana não demonstrou constrangimento frente às questões e revelou ter maior domínio das informações do que o grupo da zona rural. Nesse último, as mulheres estiveram mais retraídas desde a primeira oficina e também na avaliação. Através das afirmações que exigiam uma tomada de posição e a explicitação de valores, foi possível perceber que os grupos oscilam entre atitudes mais conservadoras e atitudes mais avançadas, mas, em determinados aspectos, o preconceito tem raízes profundas. Vejamos alguns exemplos:

Jogando com a informação: avaliação lúdica

P: O que os pais deveriam fazer para que seus filhos tivessem maior liberdade de conversar com eles sobre questões afetivas e sexuais?
R: *"Conversar, respeitar, entender, aconselhar, ir ao médico para orientar um método contraceptivo"*. (f., Itaberaí)

P: É verdade que a única forma normal de se obter o orgasmo é através do coito? Explique.
R: *"Não, a gente pode ter prazer também manipulando o pênis ou o clitóris".* (f., Itaberaí)

P: Qual é a época ideal para a mulher procriar?
R: *"Quando tiver maturidade".* (f., Itaberaí)

P: O que você acha do comportamento de uma menina que muda de par em cada festa?
R: *"Galinhou".* (m., Itaberaí)

P: Quando uma pessoa perde a sexualidade?
R: *"Nunca, perde só com a morte."* (f., Itaberaí)

P: O parto através da cesariana está cada vez mais frequente. Por quê? Isto está certo?
R: *"Não está certo, o próprio nome do outro parto já diz que é melhor: normal."* (f., Itaberaí)

P: Qual é o evento mais importante da puberdade feminina? E da masculina?
R: *"O poder de procriar."* (m., Itaberaí)

P: O que você faria se encontrasse seu filho ou sua filha se masturbando?
R: *"Mandava procurar um homem, se ela está masturbando, ela não é virgem mais."* (f., Itaberaí)

P: Um jovem casal deseja se casar. Como os pais não permitem, a moça se engravida, para forçar a situação. O que você acha disso?
R: *"Besteira, tem pais que ignoram e preferem que tire a criança, forçam pra fazer o aborto."* (f., Itaberaí)

P: Para você, o que significa ser liberado sexualmente?
R: *"Ter maturidade, descobrir o que quer."* (f., Itaberaí)

P: Qual é sua opinião sobre homossexualismo?
R: *"Não sou contra, respeito cada um do seu jeito, antes de ser homossexual é uma pessoa.* (m., Itaberaí)

R: *"Isso é uma bobeira e não deveria existir."* (f., Mirandópolis)

R: *"Tem nuita mulher para que querer homem? Isso é uma senvergonhagem."* (f., Mirandópolis)

P: Após os 20 anos uma mulher é discriminada por ser virgem ou por não ser virgem?

R: *"Por ser virgem."* (m., Mirandópolis)

P: Uma mocinha chama o namorado para transar. O que você pensa sobre esta atitude?

R: *"Horrível! Uma mulher chamar um homem pra transar. Onde já se viu!"* (f. Mirandópolis)

Lewin, já em 1940, apontava para a amplitude do desafio presente nas iniciativas educacionais que pretendem mudanças de conduta e a superação de posturas preconceituosas que foram socialmente construídas e legitimadas. Para Lewin, o domínio do conhecimento e das informações atualizadas é insuficiente para que se conquiste ganhos significativos no nível das práticas sociais do cotidiano.

> As dificuldades encontradas nos esforços para atenuar os preconceitos ou mudar, de alguma outra maneira, a visão social do indivíduo, levou à compreensão de que a reeducação não pode ser apenas um processo racional. Sabemos que preleções ou outros métodos abstratos semelhantes de transmissão de conhecimento têm pouco valor no que tange a mudar-lhes os pontos de vista e a conduta. (LEWIN, 1945, p. 76)

O "Jogo de Sucata" demonstrou que a participação nas oficinas significou para todos uma oportunidade valiosa de encontro consigo mesmo, de construção de novas relações e de acesso à grande quantidade de informação atualizada. Devemos reconhecer que os efeitos e as consequências desse tipo de intervenção na vida das pessoas é de difícil mensuração. Porém, os depoimentos colhidos durante a última oficina nos permitem afirmar que o "Projeto Adolescer" desencadeou processos internos de revisão de valores e condutas. A seguir, apresentamos os resultados do jogo entre os adolescentes da zona urbana:

A "sucata" mediando a comunicação dos sentimentos

"Escolhi a 'chave', o 'frasco de perfume' e o 'relógio'. Os encontros foram como uma chave que vai abrir muitas portas ou como uma vela que vai iluminar muitas coisas. O perfume me traz a lembrança de alguém e o relógio significa o tempo bom que rolou nessas oficinas." (F., 14 anos, Itaberaí)

"Para mim é o 'sabonete' e a 'chave'. Com o sabonete a gente faz espuma e apaga tudo de ruim e a chave é porque as oficinas abriram meu coração para a vida, e ele ficou mais alegre." (F., 17 anos, Itaberaí)

"Eu peguei a 'borracha'. As oficinas funcionaram como uma borracha para apagar as ideias ruins e ter outra chance." (F., Itaberaí)

"Eu escolhi o 'marcador de tempo', o 'dado', e a 'lente'. O marcador sempre me chamou a atenção, a cada momento se dá uma coisa nova. O trabalho nas oficinas foi como uma lente: esclareceu muito, muito. E o dado significa a vida: a vida é um jogo." (M., 16 anos, Itaberaí)

"Eu estou aqui com o 'anjinho', a 'tomada' e a 'carta'. Este jogo foi um momento de paz; estou num momento de paz na vida. A tomada é porque neste tempo a gente se ligou em muitas coisas. Foi muita informação. É como se eu tivesse recebido uma carta que tivesse que voltar a ler várias vezes. Gostei muito." (F., 18 anos, Itaberaí)

Não foi possível realizar o "Jogo de Sucata" com o grupo da zona rural. Entretanto, através de outra dinâmica, verificamos o impacto das oficinas em cada um dos participantes. Os depoimentos abaixo revelam a intensidade da nossa intervenção.

> "Gostei. Tem muitas partes do corpo que eu nem sabia o nome. Me ajudou muito." (F., 17 anos, Mirandópolis)
>
> "No começo o grupo estava muito envergonhado. Todo tanto que a gente aprende é pouco; valeu muito."(M., 18 anos, Mirandópolis)
>
> "Cada um vai cuidar da sua vida com mais experiência." (M., 18 anos Mirandópolis)

O grupo da zona rural apresentou mais resistência em finalizar o processo. Não houve uma demanda de continuidade verbalizada, mas os gestos e a postura no final da "Oficina de Avaliação" apontavam para o desejo de não encerrar. Foi necessário guardar todo material e desfazer o ambiente montado para a última "Oficina" para que o grupo tomasse consciência que tínhamos chegado ao fim. A continuidade possível naquele momento passava pelo compromisso de cada um e cada uma consigo mesmo no cuidado com sua vivência afetiva-sexual. A continuidade também implica compartilhar com outros adolescentes a riqueza das informações, das vivências e dos sentimentos experimentados nesse tempo de aprendizagem intensa.

REFLEXÕES PARA PROSSEGUIR NO CAMINHO

> Não tenho um caminho novo.
> O que tenho de novo é o jeito de caminhar.
> (Thiago de Mello)

Entre uma pergunta e uma resposta, um pouco de história

Faz-se necessário retomar a questão fundamental que norteou o percurso deste estudo:

> Que modelo de intervenção pedagógica possibilitaria a abordagem das diferentes dimensões e expressões da vivência afetivo-sexual entre adolescentes, valorizando a singularidade do sujeito como homem ou como mulher, em constante interação com o contexto sócio-histórico e cultural em que está inserido?

Essa indagação se origina de uma longa prática profissional demarcada pela estrutura do sistema de ensino brasileiro. Estar inserido nessa estrutura, enquanto alguém que pensa a sua prática pedagógica, implica estar permanentemente envolvido num dilema ontológico: "estar professor" ou "ser educador"? O sistema exige o desempenho e a produtividade do profissional que transmite, de forma fragmentada, o saber socialmente reconhecido como correto e adequado à lógica da sociedade de mercado. Mas, no pequeno mundo da sala de aula, o profissional do conhecimento se vê frequentemente desafiado pela possibilidade de "ser educador", construindo junto com o educando o instrumental apropriado à exploração e à compreensão de si mesmo, dos outros e de um mundo cada vez mais complexo.

A pergunta que é o ponto de partida deste estudo, assim como a sua resposta, também foi gestada nos vários anos de militância e de engajamento social em comunidades da região metropolitana de Belo Horizonte e em comunidades rurais dos Estados de Mato Grosso e Goiás. A reconstrução da cidadania tão desejada no Brasil dos anos 80 passava pelo esforço coletivo da Educação Popular. Aqueles que conseguiram ultrapassar os limites impostos pelo regime então vigente se apropriaram – dentro e fora da universidade – do conhecimento indispensável à compreensão dos mecanismos sociais de produção e reprodução da ignorância, das desigualdades, das discriminações, da despolitização, entre outras contradições que ainda hoje, quase vinte anos depois, permanecem nos incomodando e exigindo novas respostas.

Compartilhar e resignificar este conhecimento na experiência de cada um era e continua sendo um imperativo ético e um desafio pedagógico. Movidos pela utopia da sociedade igualitária, menos perversa e menos excludente, os agentes da socialização do saber, tanto no contexto da escola formal quanto no âmbito da educação informal dos pequenos grupos de base – sobretudo dos grupos de jovens – se propunham o esforço de reinventar a relação pedagógica para que ela própria já sinalizasse a possibilidade real de reinvenção da pessoa, da comunidade, da escola, da sociedade brasileira e do mundo.

No princípio da década de 80, a discussão sobre a construção da cidadania já incluía, mesmo que timidamente, a questão da sexualidade humana como exercício de um direito que poderia ser expressado de muitas maneiras. O debate em torno das reivindicações feministas se propagava e nos obrigava a refletir sobre as relações de gênero e os papéis de homens e mulheres naquele momento crucial da sociedade brasileira. Começava-se a perceber que valores como democracia, estado de direito, liberdade de expressão, direito à diferença, entre outros colocados como fundamentais para a convivência civilizada na dimensão pública, necessariamente deveriam ser traduzidos para as relações cotidianas no âmbito do pequeno mundo privado da família, da relação de namoro, da relação do casal, da relação com os filhos, entre outras.

O desenvolvimento do projeto "Concepção de Sexualidade dos Adolescentes no Interior de Goiás: consequências para o processo de reprodução humana" entre os anos de 1992 e 1995 possibilitou-me resgatar na perspectiva científica da pesquisa, de uma forma mais compacta e com o cuidado do registro diversificado e sistemático, as experiências isoladas e rudimentares que vivenciei na prática pedagógica, dentro e fora da escola, entre os anos 1978 e 1995.

Além das reflexões sobre o processo de adolescer na atualidade e a sexualidade enquanto construção social da masculinidade ou da feminilidade, a elaboração desse trabalho permitiu, sobretudo, sistematizar a experiência e articular uma argumentação que justifique a metodologia de "Oficinas" como alternativa válida para a ação educativa enquanto intervenção psicossociológica.

Adolescer: administrando a "crise" em meio a crise da contemporaneidade

A palavra crise se originou do termo grego *"krisis"*, que significa escolher, decidir e/ou resolver. Depois que E. Erikson, acertadamente utilizou a ideia de crise para descrever o processo de adolescer, não é mais possível pensar a adolescência sem considerar sua contribuição. Os dados apresentados nesta dissertação confirmam e ampliam o conhecimento até aqui acumulado sobre essa fase crucial do ciclo vital da pessoa.

Alguns depoimentos colhidos entre as respostas à única questão aberta[1] – *Foi difícil responder o questionário?* – que permitia a construção livre de textos, ilustram bem a ideia da adolescência como um período de crise:

> Não de modo algum, experiências desse tipo são boas para a pessoa se conhecer mais. Conhecer ela mesma conhecer dentro de si. Saber como é a vida, como vai ser para um adolescente chegar a ser pai. As barreiras que ele deve enfrentar. (M., 15 anos, Z.R.)
> Não porque eu falei tudo que eu tinha guardado no fundo do peito tudo que eu não podia falar a ninguém, mas agora falei a todos sen diser quem sou e quem vou ser. (M., 12 anos, Z.U.)
> Um pouco. Porque nunca comentei isso com ninguém. Tenho vergonha demais .
> Acho que é por isso que tenho raiva do meu passado. As vezes chego a pensar que isso tudo é um pesadelo. O que eu mais queria era voltar atraz e encontrar uma pessoa que pudesse me explicar tudo sobre "sexo"
> Obs: Quando pratiquei tal coisa eu nem sabia que existia a palavra sexo.(F., 17 anos, Z.U.)
> Não. porque eu não confiava em ninguém para dizer essas coisas mas como eu sei que o que eu respondi vai ficar em sigilo, foi muito bom responder e desabafar o que estava preso dentro de mim e que não conseguia dizer a ninguém.
> Obrigado por ter dado a mim esta chance de falar para alguém do meu íntimo e das minhas opiniões sobre os assuntos citados. (F., 15 anos, Z.U.)

Durante a primeira "Oficina", também ouvimos depoimentos significativos que confirmam a nossa percepção da adolescência como experiência de "crise":

> Sou um rapaz como a sociedade exige. Com defeitos e qualidades, sou extremamente tímido e estou descobrindo a alegria de ser adolescente com uma diferença,

---

[1] Esta questão faz parte do questionário autoaplicável utilizado em estudo anterior (RENA, 1996).

contudo sou feliz. As vezes preciso ser duro, incensível, frio e calculista, mas isto é superficial. Sinto-me emotivo. (Itaberaí, M., 16 anos)

Sou um rapaz que tem apenas 16 anos mas sou muito vivido.

Trabalho desde 8 anos de idade nunca tive muito tempo para a infância. Mas não me arrependo de nada porque hoje sei o que é viver; como é difícil a vida. (Itaberaí, M., 16 anos)

Desafio: essa fase da vida é um desafio.

Desafio: estou passando um desafio nesta fase da vida que vou Ter que vencer. Tenho vontade e é um desafio continuar no grupo.

Impressão: estou impressionado por estar aqui; não pensava que podia estar aqui.

Satisfação: acho que ninguém é satisfeito, sempre falta algo.(adolescentes masculinos, z.u.)

Tais respostas e os depoimentos mostram que:

Adolescer sem ter com quem compartilhar a ansiedade e a insegurança de quem se percebe: perdendo a condição infantil; redefinindo sua imagem corporal; reorganizando suas relações com os pais e com a família; buscando novos vínculos e experimentando novos grupos; reciclando seu código ético-moral e confrontando-se com as gerações anteriores; tendo que se submeter aos ritos de iniciação e assumir seus papéis sexuais auto-outorgados e as vezes divergentes da expectativa social não é uma tarefa fácil. A relação que adolescentes de ambos os sexos estabeleceram com o questionário do *survey*, assim como a qualidade da participação nas "Oficinas" e os esforços empreendidos para estarem presentes nos dois momentos sinalizam a importância de se ter espaços de socialização da experiência , às vezes dolorosa, de adolescer.

A opção pelo questionário fechado e autoaplicável como instrumento de coleta de dados veio acompanhada de muitos receios quanto a sua eficácia em investigações cujo o objeto de estudo é de natureza predominantemente subjetiva com expressões tão diversificadas. Contudo o questionário, apesar das muitas falhas, mostrou-se um instrumento adequado para esta primeira aproximação da realidade vivenciada pelos adolescentes, no interior de Goiás.

Evidentemente, todo questionário e suas respostas constituem-se em uma forma de discurso, e, portanto, existe a possibilidade do jogo revelação/ocultação. No discurso sobre a própria vivência sexual, desejos e fantasias podem se sobrepor à realidade. É verdade que nunca se falou tanto em sexo/sexualidade como em nosso tempo, mas também é verdade que predomina uma abordagem marcada pela repressão: fala-se da sexualidade como algo que está oculto e deve continuar ocultado.

> "O que é próprio das sociedades modernas não é terem condenado o sexo a permanecer na obscuridade, mas sim o terem-se devotado a falar dele sempre, valorizando-o como *o segredo*." (FOUCAULT, 1988)

Assim, há que se considerar as intrincadas relações subjacentes ao discurso sobre o sexo/sexualidade e todos os sentimentos que esta prática discursiva pode mobilizar.

Para obter uma avaliação do(da) adolescente quanto a sua participação incluímos três questões avaliativas ao final do questionário. O grau de constrangimento frente às questões apresentadas não ultrapassou 21% e apenas 5% da amostra declararam terem sentido vergonha "muitas vezes". Comparando os dados segundo as quatro variáveis principais o percentual de adolescentes que declararam "nenhum" constrangimento está entre 73% e 80% independentemente do sexo, da faixa etária, do nível socioeconômico e da situação domiciliar.

O sentimento de agressão à intimidade ocorreu com maior frequência: 34,5% dos(das) adolescentes afirmaram que se sentiram agredidos em sua intimidade, e aqueles e aquelas que se sentiram "muito agredidos" representavam 8% da amostra. A ausência do sentimento de agressão ocorreu com frequências semelhantes entre homens e mulheres e nas diferentes faixas de idade. Porém, percebe-se uma diferença entre os n.s.e. com destaque para os(as) adolescentes de N.S.E. "B": 64,% declararam que não sentiram nenhum grau de agressão. Os(as) adolescentes da "zona urbana"(62,5%) se sentiram menos agredidos que seus colegas da "zona rural"(56%).

Se considerarmos que, para uma grande maioria da amostra, esta foi a primeira experiência com questões desta natureza, podemos afirmar que os índices acima apontados são bastante satisfatórios. Os dados revelaram que, para a maior parte da amostra, a tarefa de responder ao longo questionário, em alguns aspectos bastante invasivos, foi uma tarefa normal.

É verdade que, quando não há espaço para se tratar abertamente dessas questões, a criatividade adolescente trata de produzir em grande profusão outras estratégias para comunicar seus dilemas, suas angústias e necessidades. Porém, não é incomum encontrar adolescentes que, em meio a sua própria confusão, escolheram estratégias que mais dificultaram e, muitas vezes irremediavelmente, seu esforço de administrar os fenômenos da adolescência. Ter um grupo de iguais na qual exigências da crise e as consequências das escolhas e decisões possam ser compartilhadas favorece a elaboração do processo e pode amenizar as tensões da adolescência, sem contudo eliminar os conflitos e as divergências que ocorrem com frequência nos grupos de adolescentes.

Os processos individuais e a resolução dos conflitos de cada um, no mundo contemporâneo, se tornam cada vez mais condicionados pelo contexto de uma sociedade globalizada marcada pela amplitude das redes de comunicação e pela agilidade com que novos postulados e valores são construídos e destruídos no imaginário social. É indiscutível a afirmação de que o mundo está mergulhado numa crise que revela sua face em todas as dimensões: econômica, social, política, cultural, religiosa e ético-moral. Aqueles e aquelas que viviam a adolescência, no interior de Goiás, no momento de nossa intervenção, não estavam excluídos deste processo de produção da "aldeia global".

Ao queremos situar o adolescente em sua contemporaneidade, vem-nos à mente com insistência uma imagem analógica: o mundo de nossos dias, em muitos sentidos, dá-nos a impressão de estar atravessando uma crise de identidade em tudo e por tudo similar à da adolescência.

A concepção universalista contida na ideia de que hoje somos os habitantes de uma "aldeia global" põe em xeque as identidades nacionais, sociopolíticas, religiosas e culturais vigentes até agora. A necessidade de integrar-se a humanidade num único e gigantesco corpo-mente planetário, onde coparticipem e convivam todas as contradições de seus elementos constituintes, assemelha-se à situação do adolescente premido pela exigência de cristalizar numa identidade adulta todas a identificações e vivências prévias prenhes de significados contraditórios e conflitantes. A angústia confusional que a humanidade experimenta, pelo questionamento de seus valores tradicionais, e a imperiosa necessidade de reformulá-los face às exigências do atual momento do processo civilizatório, tem características similares à que apresenta o adolescente quando vê confrontadas as expectativas conservadoras de seu meio familiar com as demandas da sociedade competitiva e em mutação cultural onde irá viver sua condição de adulto...

Esta é, portanto, uma época em que, como nenhuma outra até então, a sociedade funciona como uma caixa de ressonância para a crise de identidade adolescente, amplificando seus elementos conflitivos e bloqueando os mecanismos elaborativos que permitem sua resolução. (Osório, p. 34 e 36)

Como já dissemos anteriormente, adolescer neste final de século implica viver muito mais que uma "crise de identidade" que se processa no espaço da intimidade do sujeito. Significa que no contexto de uma sociedade em transição do mundo arcaico para o mundo moderno, onde encontramos desde o adolescente submetido ao trabalho escravo, passando pela falência do sistema de ensino até o adolescente que navega no espaço cibernético não há lugar para a estabilidade. Nesse sentido, seria um equívoco dissociar fatores e efeitos da crise por que passa o sujeito dos fatores e efeitos da crise por que passa a sociedade, na qual este sujeito está inserido. Uma das consequências dessa crise é a linha cada vez mais tênue que separa o mundo rural do mundo urbano apesar de haver ainda focos de resistência que procuram resgatar ou manter aspectos da cultura camponesa. Na análise dos resultados, surpreendentemente, aquelas atitudes e posturas que esperávamos encontrar na experiência de adolescentes das zonas rurais foram reveladas na experiência dos adolescentes das zonas urbanas.

Como demonstramos na avaliação da primeira oficina, os adolescentes da zona rural, quando falam de si, enfatizam os atributos físicos e valorizam suas práticas de intervenção no mundo, o seu "fazer" cotidiano: estudar, trabalhar, brincar, praticar esporte etc. Entre os adolescentes do grupo da cidade, o discurso sobre si mesmo trouxe a dimensão subjetiva de cada um revelando qualidades e dilemas internos. Quando foram provocados a compartilhar os sentimentos vividos naquele momento do início do projeto, o grupo da zona rural realçou suas expectativas em relação à experiência nova que se iniciava. No grupo urbano, talvez por ser um pouco mais velho, a tônica estava na preocupação com o futuro. A família, a escola, o trabalho e a rua são apontados pelos dois grupos como espaços de onde a adolescência acontece, mas os adolescentes urbanos mencionaram outras possibilidades de convivência social: a aula de música, as festas com música ao vivo e outras atividades de lazer.

A fragmentação da experiência corporal está introjetada nos adolescentes dos dois contextos. No entanto, os adolescentes rurais demonstraram menos dificuldades de lidar com a nudez que seus iguais do mundo urbano. Na vivência da modelagem em argila relatada na "Oficina 3" não houve nenhum caso, no grupo rural, em que a figura humana estivesse vestida. No grupo da cidade, apenas dois adolescentes modelaram a nudez e dois se recusaram a participar da experiência. Outro fato significativo que ocorreu nos dois grupos foi o aparecimento das figuras femininas dessexualizadas, exceto em um caso, na zona rural, onde a figura modelada estava gestante. O grupo urbano revelou maior facilidade em falar sobre o corpo do que o grupo da zona rural. Nossa experiência demonstrou que os adolescentes da zona rural responderam mais intensamente quando a atividade era mais lúdica e menos racional, ao contrário do grupo da cidade.

De fato, o ideal de modernidade, progresso e qualidade de vida é identificado com a racionalidade da "urbe". A ausência de perspectivas no campo coloca a cidade no horizonte do adolescente camponês como uma consequência natural, que, no máximo, poderá ser adiada. Não há como desprezar, também, a força da mídia, que, chegando às regiões mais distantes com as parabólicas, produzem novos modelos de referência, exaltam a vida urbana e implantam sonhos de consumo e bem estar nem sempre viáveis para a maioria da população. Da mesma forma, a mídia, em suas diferentes modalidades, reproduz, dissemina e amplifica as representações de sexualidade hegemônicas. Nesse sentido, os dois grupos confundiam a "sexualidade" com o "ato sexual", que deveria ser expressão de "amor" no âmbito das "relações heterossexuais" e com as finalidades de reprodução e prazer. Uma análise, mesmo que superficial, dos modelos de relacionamento sexual divulgados e reforçados pela mídia coincidem com esse esquema.

A "primeira relação sexual" é vivenciada na cidade e no campo com carcterísticas semelhantes: a idade mais comum está ente 13 e 17 anos, cerca de trinta por cento das relações inclui penetração peniana, a parceira do adolescente é uma amiga e o parceiro da adolescente é o namorado, ocorreram sem planejamento, desprotegidas em relação à gravidez e às DST./AIDS, sendo que a maior parte não saberia como agir frente ao teste positivo de gravidez. Contudo, é relevante o dado relativo ao contexto dessa primeira relação. Na cidade (26,5%), os adolescentes correm mais riscos de vivenciá-la sob pressão ou violência que na área rural (15%).

A superação dos obstáculos culturais que impedem homens e mulheres de viverem efetivamente como parceiros e protagonistas de suas próprias histórias é outro desafio colocado no horizonte desses e dessas adolescentes. O enfrentamento desse desafio implica a disposição de homens e mulheres para o diálogo e para a negociação. Nossos dados vem confirmar outros estudos que mostram que a necessidade de dominação presente nos vários jeitos de ser masculino, hoje, não é endógena ou fruto de uma escolha deliberada, mas sim produto de uma cultura da discriminação e da intolerância que, a cada momento histórico, se reconfigura assumindo novas faces. Construir essa parceria efetiva implica necessariamente recolocar em pauta as relações de poder que vivenciamos tanto na esfera pública quanto no âmbito privado. Penso que esse esforço de rediscussão das formas e das finalidades de exercício do poder precisa ser encarado por homens e mulheres. O cotidiano das relações masculino-feminino é marcado pela negociação ou pela disputa em torno de "quem" e "como" o poder deve ser exercido. Quando se trata de determinar os espaços e a quantidade de poder, seja no âmbito do público ou do privado, nos depararmos com situações em que ambos se utilizam das estratégias da dominação masculina que gostaríamos de ver abolidas das relações sociais. Se os resultados deste estudo confirmam a estereotipia de gênero e a continuidade da dominação masculina com certa cumplicidade feminina – a dominação masculina introjetada –, ao mesmo tempo, eles revelam uma tendência de abertura à revisão dos papéis sociais e dos papéis sexuais estabelecidos. Por exemplo: cerca de 40% dos adolescentes da cidade e do campo afirmaram o direito feminino à diversificação de parceiros; o percentual de adolescentes que reconhece o direito da mulher tomar a iniciativa do relacionamento afetivo-sexual é elevado: 54% na zona rural e 58% na zona urbana.

Percebemos essa contradição como uma das consequências positivas da "macro crise", e também, como uma das possibilidades colocadas pela "crise adolescente": a oportunidade de rever os projetos de masculinidade ou feminilidade em construção na vivência de cada um e de cada uma.

Aprendendo a ser homem ou mulher: a educação sexual inevitável

Quando Simone Beauvoir afirmava que "a mulher não nasce mulher, mas a mulher se torna mulher", chamava a atenção do mundo para o fato inevitável da educação sexual compulsória a que homens e mulheres estão submetidos. A ideia desse feminino em construção é aplicável na mesma intensidade ao masculino: o homem não nasce homem, mas o homem se faz homem. Essa afirmação histórica nos remete a um conjunto de outras questões fundamentais: quem são os arquitetos desta construção? Que materiais são utilizados? Como está a qualidade desta construção? Responder a questões como essas é fazer o esforço de entender com profundidade o processo de socialização que prepara meninos e meninas para a convivência social, incorporando as normas da cultura em que estão inseridos. Essa normatização da convivência atinge as várias dimensões da vida das pessoas, mas, sobretudo, a dimensão da sexualidade.

Freud e, mais tarde, Foucault demonstraram, com muita propriedade, o papel da regulação da sexualidade no processo de construção das sociedades ocidentais. Um olhar atento sobre a história nos permite perceber que as sociedades não abdicaram jamais de regular a relação do sujeito com seu desejo e sua expressão erótica. Hoje, nas sociedades contemporâneas da individualidade como ideologia hegemônica em que a "lógica do self-service" (Lypovetski) vai do sanduíche às religiões e praticas sexuais não é diferente. É preciso colocar o corpo, o desejo e a erótica dentro da lógica utilitarista do consumo e do mercado, com a maior variedade possível de opções e para uma clientela cada vez mais diferenciada e exigente, por exemplo, o turismo sexual que atinge as praias do nordeste brasileiro, a Tailândia ou o Caribe. O que seria da publicidade, das telenovelas, dos programas de auditório – inclusive os que se dizem infantis – sem a possibilidade do apelo erótico, na maioria das vezes pornográfico?

Pela primeira vez na história – pressionado pela tragédia da epidemia de AIDS – o Estado brasileiro, através do Ministério da Educação, reconhece que há uma educação sexual em curso e que meninos e meninas estão aprendendo a ser homens e mulheres; que muitos deles – seguindo à risca a cartilha da dessexualização genitalizante[2] (BERNARDI, 1985) – já estão vivendo relações genitais desprotegidas e, portanto, arriscadas em vários aspectos.

Ao reconhecer este processo de educação sexual informal, a sociedade não pode mais escamotear as manifestações da sexualidade na infância e na adolescência:

> As manifestações de sexualidade afloram em todas as faixas etárias. Ignorar, ocultar ou reprimir são as respostas mais habituais dadas pelos profissionais da escola. Essas práticas se fundamentam na ideia de que o tema deva ser tratado exclusivamente pela família, De fato, toda a família realiza a educação sexual de suas crianças e jovens, mesmo aquelas que nunca falam abertamente sobre isso. O comportamento dos pais entre si, na relação com os filhos, no tipo de "cuidados" recomendados, nas expressões, gestos e proibições que estabelecem são carregados de determinados valores associados à sexualidade que a criança aprende.[...] Pode-se afirmar que é no espaço privado, portanto, que a criança recebe com maior intensidade as noções a partir das quais construirá sua sexualidade na infância.
>
> A criança também sofre influências de muitas outras fontes: de livros, da escola, de pessoas que não pertencem à sua família e, principalmente, nos dias de hoje, da mídia. Essas fontes atuam de maneira decisiva na formação sexual de crianças, jovens e adultos."(PCN/MEC, p.112)

---

[2] Bernardi faz uso deste termo ao se referir a educação sexual implícita no processo de socialização nas culturas ocidentais e que pautada na repressão e orientada para a função reprodutiva promove uma dessexualização do corpo e demasiada valorização da genitalidade.

Os esforços de toda natureza, empreendidos durante séculos de história, para manter as práticas sexuais no espaço do quarto do casal heterossexual ou dos cabarés das profissionais do sexo foram insuficientes. Os modelos hegemônicos e socialmente aprovados de relacionamento sexual estão sendo confrontados com novos padrões de comportamento. A crise que as culturas ocidentais estão enfrentando coloca as condições para a discussão das velhas pautas, abrindo possibilidades de reinvenção do masculino e do feminino e incorporando ao nosso cotidiano masculinidades e feminilidades diversas. O mesmo podemos dizer quanto à produção do saber sobre a sexualidade. Não há mais condições históricas para confinar ao confessionário ou ao consultório o ato de pensar sobre as questões relativas à sexualidade, seja na vivência particular do sujeito seja na experiência mais abrangente de um grupo social ou de uma cultura.

Nesse sentido, é oportuno perguntar: o que fazer com a sexualidade que se manifesta na escola? É possível a educação sexual na escola de hoje? De qual educação sexual estamos falando? Quem pode falar de sexo e sexualidade na escola? O que diferenciaria a intervenção da escola da intervenção da mídia impressa e eletrônica? Foucault identificava na volumosa e diversificada produção de discursos sobre a sexualidade no nosso tempo mais uma estratégia de controle, ou seja, fazer falar para controlar. A experiência enfocada neste estudo revela que podemos estabelecer processos pedagógicos em que o "falar" pode ser um instrumento, entre outros, de rompimento com os mecanismos de controle e construção de uma ética da responsabilidade e do compromisso consigo mesmo e com o outro.

Ação educativa em sexualidade: limites e possibilidades de uma práxis pedagógica

As indagações apontadas na página anterior são colocadas a partir da convicção de que não há mais argumentação que sustente a neutralidade da escola – isso cabe também a outras instituições que lidam com crianças e adolescentes – no que se refere à construção da sexualidade. Meninos e meninas, quando chegam à escola, não deixam guardados em casa o seus desejos, suas fantasias, seus conflitos e suas angústias. Nos Parâmetros Curriculares Nacionais – MEC, encontramos uma advertência clara quanto a isso:

> Todas essas questões são trazidas pelos alunos para dentro da escola. Cabe a ela desenvolver ação crítica, reflexiva e educativa.
>
> Não é apenas em portas de banheiros, muros e paredes que se inscreve a sexualidade no espaço escolar; ela "invade" a escola por meio das atitudes dos alunos em sala de aula e da convivência social entre eles. Por vezes a escola realiza o pedido, impossível de ser atendido, de que os alunos deixem sua sexualidade fora dela. (PCN, p. 112, 113)

Devemos reconhecer que é crescente o número de iniciativas em escolas, públicas e particulares, que buscam atender de alguma forma à demanda dos seus alunos na dimensão da sexualidade. Refiro-me às palestras em auditório, aos filmes informativos, às aulas isoladas dentro de uma disciplina que inclui os temas da gravidez ou DSTs e AIDS entre os conteúdos programáticos de uma série, aos encontros de convivência fora da escola, entre outros. Esse esforço pedagógico, na maioria das vezes muito bem intencionado, resulta em baixa eficácia e se esvazia na descontinuidade das ações e na ênfase à dimensão cognitiva na transmissão da informação. Reconhecemos nessas iniciativas pontuais uma prática pedagógica, mas, pelas próprias condições em que são desenvolvidas, foge-lhes a possibilidade de se tornarem uma *práxis pedagógica*, isto é, com objetivos claros, projeto definido, continuidade, sistematização, avaliação crítica, compromisso institucional, e outros cuidados que asseguram a reflexão sobre a prática. Muitos profissionais detentores do poder nas escolas seguem, comodamente, atribuindo às famílias a exclusividade da tarefa de educar sexualmente suas crianças e adolescentes. À escola, caberia acrescentar um pouco mais de informação, esporadicamente, em eventos especiais ou quando fatos de natureza sexual significativos viessem a público e colocassem em risco a reputação da escola.

No cenário da educação brasileira, a inclusão da "orientação sexual" como um dos eixos transversais ao currículo, deve ser percebida como uma contribuição significativa para a expansão da ações educativas em sexualidade no sistema de ensino numa perspectiva bastante crítica e equilibrada:

> Se a escola que se deseja deve ter uma visão integrada das experiências vividas pelos alunos, buscando desenvolver o prazer pelo conhecimento, é necessário que ela reconheça que desempenha um papel importante na educação para uma sexualidade ligada à vida, à saúde, ao prazer e ao bem estar, que integra as diversas dimensões do ser humano envolvidas neste aspecto.[...]
>
> O trabalho de orientação sexual na escola é entendido como problematizar, levantar questionamentos e ampliar o leque de conhecimentos e de opções para que o aluno, ele próprio, escolha seu caminho. (PCN, p. 114, 121)

No entanto, a transversalidade preconizada pelo MEC é paradoxalmente a possível solução e o possível impedimento. Não é preciso conhecer com muita profundidade o sistema de ensino no Brasil para concluir que há pelo menos três grandes desafios a serem superados: a qualificação do professor, o acesso a material didático-pedagógico e ênfase no cumprimento dos programas de conteúdos. A possibilidade de um professor de matemática ou geografia incluir em seus programas, e efetivamente tratar na sala de aula, temas de educação ambiental ou educação para o consumo pode ser plausível. Contudo, o mesmo não pode ser afirmado quando os temas estão no campo da sexualidade. Quando tratadas com a amplitude e a profundidade necessárias, as questões relativas à afetividade e à sexualidade resgatam situações e vivências, mobilizam sentimentos e provocam inevitavelmente um encontro do professor consigo mesmo. O professor técnica e teoricamente capaz poderá se perceber impotente quando questões cruciais problematizarem, internamente, os seus próprios valores e suas práticas afetivo-sexuais. A escola não pode exigir que o professor tenha essa disponibilidade interna para ir ao encontro de seus próprios limites e dificuldades nessa área. Hoje, quando se trata de intervir no campo da sexualidade é imprescindível: aceitar o próprio corpo como corpo sexuado; lidar positivamente com o sexo que se tem; ter clareza do projeto de masculinidade ou feminilidade que se está construindo; perceber que as masculinidades e as feminilidades em construção guardam entre si características comuns, proporcionadas pela cultura, mas que, ao mesmo tempo, cada um ou cada uma constrói um modo particular de viver o fato de ser sexuado e de estar no mundo como homem ou como mulher.

Inegavelmente, o conhecimento acumulado sobre a sexualidade e as relações afetivas é fruto do esforço desenvolvido em diferentes áreas do conhecimento humano. Isso torna mais fácil a interdisciplinaridade ou transdisciplinaridade no tratamento das questões. A transversalidade, portanto, estimula o rompimento das cercas que fragmentam o currículo escolar e abrandam as amarras que atam o professor a seu conhecimento específico. Mas, em certa medida, a ideia da transversalidade traz embutida a compulsoriedade – pelo poder da avaliação – para o aluno. Quando se estabelece, por exemplo, o tema "Modelos de família no Brasil do ano 2000" ou "O corpo e a moda em 500 anos" como eixo para um projeto interdisciplinar, que incluirá avaliações em várias disciplinas, aqueles e aquelas que, naquele momento, por distintas razões, não querem pensar sobre família ou sobre seu corpo em transformação se submetem ao processo sem chance de dizer não.

A experiência das "Oficinas", descrita e analisada nesse livro, constitui-se em uma alternativa viável – sem ser excludente – às estratégias de educação sexual já conhecidas, procurando superar desafios que consideramos essenciais:

- O educador e a bibliografia que o auxilia deixaram de ser a única e mais importante fonte de saber e o olhar foi deslocado para a *experiência do educando*. No âmbito da "Oficina", este último dispõe do ambiente, do tempo e dos recursos necessários à comunicação da sua experiência, bem como da reflexão que é capaz de produzir a partir dela.

- *A diversificação dos recursos e a combinação de estratégias* dentro de uma mesma "Oficina" permite ao adolescente várias possibilidades de elaboração do tema em discussão. Se falar sobre o corpo ou desenhá-lo incomoda, revelando dificuldades de outra ordem, modelar na argila ou manifestá-lo na expressão corporal pode ser mais fácil e, às vezes, pode ser feito com maior profundidade.
- Por exigirem um *espaço de tempo mais dilatado* as "Oficinas" devem ser oferecidas enquanto atividade extraturno, que até poderia ser inserida no currículo da escola mas fora da grade curricular tradicional, que estabelece módulos de cinquenta minutos para as demais áreas de conhecimento. Essa condição é determinante para assegurar o *caráter facultativo para o adolescente*. Esse exercício de liberdade, por si só, é educativo e preparatório para a autonomia e para a responsabilidade. Aqueles e aquelas que, por razões pessoais, não se sentem em condições de participar das "Oficinas" podem fazê-lo sem nenhum constrangimento ou temor de qualquer tipo de punição. Mesmo aquele educando que não se integrou poderá ser atingido indiretamente pela ação educativa – pelo menos no nível da informação – através dos próprios colegas que atuam como agentes da educação sexual.
- Para o educador, a experiência das "Oficinas" coloca a possibilidade da vivência permanente de uma *práxis pedagógica* na medida em que:
    a) o processo é desencadeado a partir da ação do educador que mobiliza a si mesmo e ao grupo para o enfrentamento de questões fundamentais à compreensão da sexualidade;

b) os adolescentes respondem interagindo entre si e com o educador, compartilhando experiências, apresentando ideias, defendendo opiniões, revelando representações da realidade e expondo sentimentos;

c) o educador, com a colaboração dos educandos, problematiza, a partir das informações já socializadas e do instrumental teórico disponível, a produção do grupo sobre aquele aspecto da vivência afetivo-sexual;

d) o grupo, com a colaboração do educador, se esforça por produzir uma síntese da experiência construída coletivamente avaliando o que foi alcançado no nível da informação; identificando os sentimentos predominantes durante o processo; elencando as questões que permaneciam sem resposta; e aponta para novas atitudes e posturas que podem ser incorporadas no cotidiano das relações afetivas e sexuais.

- Um dos grandes desafios para o educador e, ao mesmo tempo, uma motivação para o trabalho deve ser assegurar o movimento que implica em recolher a vivência dos educandos, pensar, individual e coletivamente, a partir das experiências compartilhadas e retornar para a vida apontando possibilidades de transformação e mudança nas atitudes pessoais e nas práticas sociais era.

- Outro grande desafio para o grupo, sobretudo para o educador, é *transitar entre o pedagógico e o psicoterapêutico* na condução das atividades. É quase impossível, por exemplo, pensar sobre paternidade e maternidade na adolescência sem resgatar a experiência de pai e de mãe que cada um e cada uma traz consigo, com toda a gama de sentimentos, cobranças, arrependimentos, ausências, culpas, entre outros que nascem dessa relação tão fundamental e básica para o sujeito. Ao encarar o fato inevitável e óbvio do corpo sexuado, encaramos também as marcas de anos de repressão dissimulada à qual o corpo foi e continua sendo submetido: descobre-se que, para muitos e muitas adolescentes, esse fato não é tão óbvio e há aqueles e aquelas que prefeririam que tal fato nunca tivesse ocorrido. Mesmo que desprovida de uma intenção psicoterapêutica, as "Oficinas", da forma como foram conduzidas, tiveram consequência terapêutica. Estar atuando nessa fronteira exigiu do educador uma leitura constante do grupo e de cada um, o aprimoramento da escuta e da sensibilidade e a disponibilidade para dar suporte e encaminhar para o profissional adequado, quando se fez necessário.

Para finalizar, queremos afirmar nossa convicção de que as "Oficinas", permitindo ir além das preocupações higienistas e epidemiológicas que nos afligem, constituíram-se como metodologia válida para "ações educativas em sexualidade e intervenção psicossocial junto a grupos de adolescentes", problematizando e discutindo os projetos de masculinidade e feminilidade em construção. Preparar adolescentes para atuarem com competência no mercado de trabalho ou para se destacarem nos exames de vestibular é objetivo educacional muito limitado. Oferecer os elementos necessários para que cada adolescente possa se perceber enquanto sujeito de sua história – inclusive sua história afetivo-sexual – é uma necessidade psicológica, uma exigência política e uma obrigação ética do nosso tempo.

Educar-se e educar sexualmente alguém é, ao mesmo tempo, inevitável e indispensável. Portanto, é preciso derrubar os velhos muros da hipocrisia e assumir ações educativas sistemáticas, planejadas, responsáveis, consequentes, lúdicas e descontraídas, que permitam aos adolescentes de ambos os sexos entender o que está acontecendo com seu corpo; perceber o que pode mudar na própria vida e na vida do outro quando há envolvimento amoroso; avaliar os padrões atuais e tentar outros padrões de expressão da masculinidade e da feminilidade; assumir responsavelmente o cuidado com a própria saúde e a saúde do outro. Enfim, o importante é lhes assegure as condições para que possam fazer suas próprias escolhas no desdobramento do jeito de cada um viver o fato de ser homem ou mulher.

REFERÊNCIAS

ABERASTURY, A., KNOBEL, M., *Adolescência normal.* 7.ed. Porto Alegre: Artes Médicas, 1988.

ABERASTURY Arminda *et al. Adolescência.* Porto Alegre: Artes Médicas. 1990.

AFONSO, M. L. *A polêmica sobre adolescência e sexualidade.* Belo Horizonte: UFMG, 1996. (Tese, Doutorado em Educação)

AFONSO, M. L. "Gênero e processo de socialização em creches comunitárias. *Cadernos de Pesquisa*. São Paulo, n.93, mai.1995, p.12-20.

AFONSO, M. L. *Trabalhando com grupos; teoria e técnica para a construção de "oficinas".* Belo Horizonte, 1997, (Mimeogr.).

ARAGÃO, Luiz T. *O Casamento acabou. Viva o casamento; estigma social e sexualidade na cultura brasileira.* Belo Horizonte: Reverso, v.33, 1992, p.5-22.

ARILHA, Margareth, RIDENTI S., MEDRADO B. *Homens e masculinidades; outras palavras.* São Paulo: ECOS/Editora 34, 1998.

ÁVILA, M.B. "Os Direitos reprodutivos são direitos da humanidade." *Jornal da Rede.* São Paulo, n.10, nov.1995, p. 5.

AZEREDO, Sandra, STOLCKE, Verena (Coords.). *Direitos reprodutivos.* São Paulo: FCC/DPE, 1991.

BARBIERI, Teresita. *Sobre la categoría género; una introducción teórico-metodológica*. In: Azeredo S. e Stolcke V. Direitos Reprodutivos, São Paulo: FCC/DPE, 1991.

BARROSO, C., BRUSCHINI, C. *Sexo e Juventude; como discutir a sexualidade em casa e na escola*. 3.ed. São Paulo: Cortez, 1990.

BERGER & LUCKMAN. *A construção social da realidade*. 9.ed. Petrópolis: Vozes, 1985.

BERNARDI, M. *A Deseducação sexual*. 2.ed. São Paulo: Summus, 1985.

BLOS Peter. *Adolescência*. São Paulo: Martins Fontes, 1985.

BORGES, Zulmira N. "A Construção social da doença: um estudo das representações sobre o transplante renal." In: LEAL, O.F. (Org.).*Corpo e significado;* ensaios de antropologia social. Porto Alegre: Ed. da Universidade, 1995.

BRASIL. Ministério da Saúde. "Programa Saúde do Adolescente-PROSAD." *Bases programáticas*. Brasília, 1989.

BRASIL. "Secretaria de Educação Fundamental." *Parâmetros curriculares nacionais; pluralidade cultural e orientação sexual*. Brasília: MEC/SEF, 1997.

BRASIL. *Parâmetros curriculares nacionais; apresentação dos temas transversais e ética*. Brasília: MEC/SEF, 1997.

BUSQUETS, Maria Dolors et al. *Temas transversais em educação;* base para uma formação integral. São Paulo: Ática, 1997.

CHAUÍ, Marilena. *Repressão sexual, essa nossa (des)conhecida*. 8.ed. São Paulo: Brasiliense, 1985.

CIAMPA, Antônio da C. Identidade. In CIAMPA, Antônio da C. *Psicologia Social; o homem em movimento*. 12.ed. São Paulo: Brasiliense, 1994.

COSTA, A.O., BRUSCHINI, C. *Uma Questão de gênero*. São Paulo: Rosa dos Tempos/Fundação Carlos Chagas, 1992.

COSTA, M. *Sexualidade na adolescência; dilemas e crescimento*. 5.ed. Porto Alegre: L&PM, 1986.

DOS ANJOS, José Luiz. *Temáticas e discursos da corporeidade*. Vitória: UFES/CEFD, 1997.

ERIKSON, E. *Identidade, juventude e crise*. 2.ed. Rio de Janeiro: Guanabara, 1987.

FAMÍLIAS de Crianças e Adolescentes; diversidade e movimento. Belo Horizonte: Associação Municipal de Assistência Social – AMAS, 1995.

FERREIRA, A.B.H., Novo Dicionário Aurélio da Língua Portuguesa, 2.ed. Rio de Janeiro: Nova Fronteira, 1986.

FÓRUM NACIONAL DE EDUCAÇÃO SEXUAL. Guia de orientação sexual; diretrizes e metodologia da pré-escola ao 2º grau. São Paulo: Casa do Psicólogo, 1994.

FOUCAULT, M. História da sexualidade I; a vontade de saber. 10.ed. Rio de Janeiro: Graal,1988.

FOUCAULT, M. História da sexualidade II; o uso dos prazeres. 10.ed. Rio de Janeiro: Graal,1988.

FOUREZ, Gérard. "A revolução sexual em perspectiva." Concilium. Petrópolis, n.193, p.8-17, mar.1984.

FREIRE, Paulo. Pedagogia do Oprimido. 17.ed. Rio de Janeiro: Paz e Terra, 1987.

GAGNON, J., PARKER, R.G. Reconcebendo a sexualidade. Sexualidade, gênero e sociedade. Rio de Janeiro, n.1, p.1, 6-8, jun.1994.

GAGNON, John. "Notas para se compreender a transformação do comportamento sexual." Concilium. Petrópolis, nº 193, p.18-30 mar.1984.

GALLATIN, J. Adolescência e individualidade. São Paulo: Harbra, 1986.

GIDDENS Anthony. A transformação da intimidade: sexualidade, amor & erotismo nas sociedades modernas. São Paulo: Editora da UNESP, 1993.

GUIMARÃES, Isaura. Educação sexual na escola: mito e realidade. Campinas: Mercado de Letras, 1995.

GUTIERREZ, Juan Jose B., FAILDE, Jose Luiz N. Tutoría com adolescentes. 7.ed., Madrid: Edições San Pío X , 1991.

HAGUETTE, Teresa M F. Metodologias qualitativas na sociologia. 2ed. Petrópolis: Vozes, 1990.

KNOBEL Mauricio. Orientação familiar. Campinas: Papirus, 1992.

LAPLANCHE, J., PONTALIS. Vocabulário de psicanálise. 2.ed. São Paulo: Martins Fontes, 1992.

LEWIN, Kurt. Problemas de dinâmica de grupo. São Paulo: Cultrix: 1948.

LIPOVETSKY, Gilles. *A era do vazio: ensaio sobre o individualismo contemporâneo.* Lisboa: Relógio d'Água, 1989.

LÓPEZ, F., FUERTES, A. *Para entender a sexualidade.* São Paulo: Loyola, 1992.

McBRIDE, Will. *Sexualität des Menschen – Bildmappe für den Sexualkundeunterricht.* Ulrich Kattmann (org.), 5.ed. Wuppertal: Jugenddienst-Verlag, 1981.

MEDINA, J.P.S. *O Brasileiro e seu corpo.* 2.ed. Campinas: Papirus, 1990.

MOSCOVICI, Serge. *A representação social da psicanálise.* Rio de Janeiro: Zahar Editores, 1978.

MURARO, R.M. *Sexualidade da mulher brasileira; corpo e classe no Brasil.* Petrópolis: Vozes, 1983.

MURARO, R.M. *Sexualidade, libertação e fé; por uma erótica cristã: primeiras indagações.* Petrópolis: Vozes, 1985.

NOLASCO, S. *O Mito da masculinidade.* Rio de Janeiro: Rocco, 1993.

OMS, 1988; BRASIL. Ministério da Saúde. Programa Saúde do Adolescente-PROSAD. *Bases programáticas.* Brasília, 1989.

OSORIO, Luiz C. *Adolescente hoje.* Porto Alegre: Artes Médicas, 1992.

PAIVA, Vera. "Sexualidades adolescentes; escolaridade, gênero e o sujeito sexual." In: BARBOSA e PARKER (org.). *Sexualidades Brasileiras.* Rio de Janeiro: Relume Dumará/ABI/IMS/UERJ, 1996.

PARKER, R.G. *Corpos, prazeres e paixões; a cultura sexual no Brasil contemporâneo.* São Paulo: Best Seller, 1991.

PARKER, R.G. et al (Orgs.). *A AIDS no Brasil (1982-1992).* Rio de Janeiro: Relume/Dumará, 1994.

PESSOA, Jadir. *Cotidiano e história; para falar de camponeses ocupantes.* Goiânia: Editora UFG, 1997

RENA, Luiz Carlos C. B. *O Conceito de adolescência em Stanley Haal, Anna Freud, Sullivan e Erik Erikson,* 1993. (Mimimeogr.).

RENA, Luiz Carlos C. B. *Projeto adolescer; concepção de sexualidade dos adolescentes no interior de Goiás; conseqüências para o processo de reprodução humana.* Belo Horizonte, 1996. (Mimeogr.).

ROMAÑA, Maria Alicia. *Construção coletiva do conhecimento através do psicodrama.* Campinas: Papirus, 1992.

SCOTT, J. *Gênero; uma categoria útil para análise histórica.* Recife: S.O.S. Corpo, 1991.

STENGEL, *Obsceno é falar de amor?* Departamento de Psicologia: FAFICH, UFMG, 1996. (Dissertação de Mestrado)

SUPLICY, Marta. *Conversando sobre sexo.* Petrópolis: Vozes, 1991.

THÉVENOT, Xavier. "Novas perspectivas em moral sexual." In: *A revolução sexual.* Petrópolis, nº 193, p.112-121, mar.1984.

TIBA, Içami. *Puberdade e adolescência.* São Paulo: Ágora, 1986.

TIBA, Içami. *Sexo e adolescência.* São Paulo: Ática, 1992.

VASCONCELOS, Eymard M. *Educação popular em saúde.* São Paulo: HUCITEC, 1988.

VICTORA, Ceres. "As imagens do corpo; representações do aparelho reprodutor feminino e reapropriações dos modelos médicos." In: Leal, Ondina F. *Corpo e significado; ensaios de antropologia social.* Porto Alegre: Editora da Universidade, 1995.

Outros títulos da coleção
"Trajetória"

O jogo das diferenças – o multiculturalismo e seus contextos

Autores: Luiz Alberto Oliveira Gonçalves, Petronilha B. Gonçalves e Silva

Este livro, de Luiz Alberto Oliveira Gonçalves e Petronilha B. Gonçalves e Silva, fala sobre o direito à diferença e busca compreender, na cena social, os diversos significados de multiculturalismo. Os autores observam conceitos como "discriminação", "preconceito" e "politicamente correto" e constatam que as regras desse "jogo das diferenças" estão em constante mudança.

Segredos e silêncios na educação dos surdos

Autora: Paula Botelho

Ao tratar de um assunto tão delicado, a autora Paula Botelho ousa ao discutir não apenas a comunicação dos surdos ou não, mas o modo como o surdo constitui suas vivências (e convivências) neste processo de interação com o mundo. Em um momento em que os educadores se interessam cada vez mais pela educação especial, esse livro se torna uma leitura obrigatória.

Corpo, identidade e bom-mocismo
– cotidiano de uma adolescência bem-comportada

Autor: Alex Branco Fraga

Um jovem professor retorna à comunidade onde começou sua atividade docente e, com olhos de pesquisador, pretende estranhar o que lhe era comum, percorrer de um modo novo as mesmas ruas e bairros, questionar o que sempre fora "natural". Vai ao encontro de garotos e garotas adolescentes, empreende uma investigação cuidadosa, chegando mais perto deles para ouvir o que têm para dizer, prescindindo, se for possível, da voz autorizada daqueles que usualmente falam por eles e por elas.

**Formação de professores —
pesquisas, representações e poder**

Autor: Júlio Emílio Diniz Pereira

A propalada indissociabilidade entre ensino e pesquisa é apenas uma quimera acadêmica? Não se tem proclamado que as atividades de ensino somente são realizadas plenamente quando aliadas à pesquisa? Existe possibilidade de realização dessa integração? Como superar a presente dicotomia entre essas atividades? Essas e outras questões são objetos deste livro, que apresenta as principais questões que norteiam as discussões sobre formação docente e os principais impasses identificados nesse campo. O autor traça também o perfil dos alunos que demandam os cursos de licenciatura, bem como analisa as concepções que os professores desses cursos têm sobre o ensino.

Este livro foi composto em tipologia Palatino e impresso
em papel Off set 75 g/m² na Gráfica Forma Certa.